| 全国中小学有效教学研究指导丛书 |

丛书主编：赵亚夫

小学课堂有效教学研究

刘 慧 / 主 编

唐 斌 / 副主编

XIAOXUE KETANG YOUXIAO JIAOXUE YANJIU

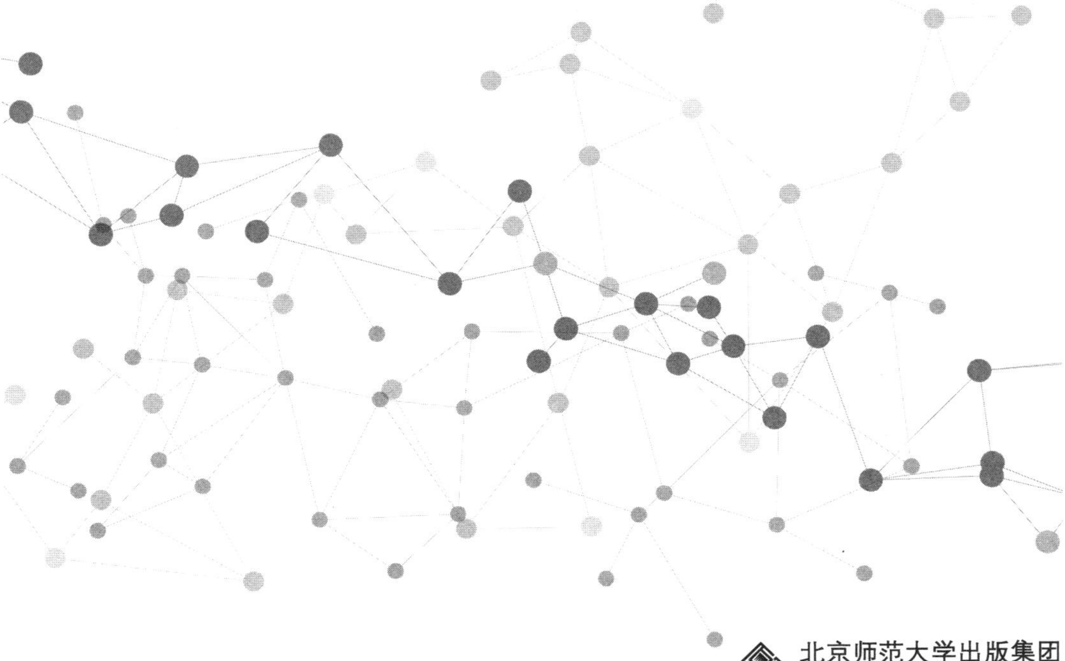

北京师范大学出版集团
BEIJING NORMAL UNIVERSITY PUBLISHING GROUP
北京师范大学出版社

图书在版编目(CIP)数据

小学课堂有效教学研究/刘慧主编，唐斌副主编. —北京：北京师范大学出版社，2016.7
(全国中小学有效教学研究指导丛书)
ISBN 978-7-303-20611-7

Ⅰ.①小… Ⅱ.①刘… ②唐… Ⅲ.①课堂教学-教学研究-小学 Ⅳ.①G622.421

中国版本图书馆 CIP 数据核字(2016)第 107615 号

营销中心电话 010-58802181 58805532
北师大出版社高等教育分社网 http://gaojiao.bnup.com
电子信箱 gaojiao@bnupg.com

出版发行：北京师范大学出版社 www.bnup.com
北京市海淀区新街口外大街 19 号
邮政编码：100875
印 刷：山东临沂新华印刷物流集团有限公司
经 销：全国新华书店
开 本：730 mm×980 mm 1/16
印 张：9.5
字 数：180 千字
版 次：2016 年 7 月第 1 版
印 次：2016 年 7 月第 1 次印刷
定 价：18.00 元

策划编辑：刘松弢 责任编辑：刘文平 赵媛媛
美术编辑：焦 丽 装帧设计：焦 丽
责任校对：陈 民 责任印制：陈 涛

总 序

《全国中小学有效教学研究指导丛书》(以下简称《丛书》)是继《全国中小学有效教学指导丛书》和《全国中小学有效学习评价指导丛书》之后，面向一线教师推出的教学研究用书。基于前两套丛书的相关学习，无论是针对教师的有效教学，还是面向学生的有效学习指导，最终还是要落实在教师自身的研究能力方面。有效教学，通俗地说就是提升教师的教学能力。研究的目的是提高教学质量。一般而言，教学能力外在的部分是可以模仿的、被别人影响的，抑或说是可以在一个比较确定的教学环境中从属于集体意志的。但是，教学能力内在的部分则是个性化的，而且必须通过自主的教学研究获得，其专业性带有自身修炼出的对教学的感知。当然，教师的资质不同，其教学能力的专业化程度和水平也不一样。

然而，《丛书》的着眼点不是对教师的专业资质的要求，而是从学科——以学科基础的教学研究能力为中心——出发进一步夯实专业教师的教学资格。诚然，教师的专业资质也不是指能否做教师或与各种资格考试相关的资格，而是从学科教育的基础理解——当然也会涉及深层的理论问题——所诱发的教学行动能力。有它，我们便确定了自己的教学资格；无它，即便我们有教师身份，也不能从事有效的、有意义的教学。

据此，《丛书》首先考虑一线教师的实际情况和基础学力要求，并尽可能广泛地适应不同区域教师的普遍需求。我们将行动研究、学习指导、学习评价以及可行的研究方法或策略关联起来，再根据不同学科特点具体设计出适宜本学科的有效研究结构。我们本着聚焦课堂、突出重点、破解难点、通俗实用的编写原则，着力关注了以下几方面的研究课题。

第一，专业发展与行动研究。应该说，我们现在不缺少教育理论，尤其是被称为理念的东西，我们缺少的是脚踏实地的实践能力，引申说，便是教育的行动能力。过去有一种简单的认识，叫作“理论联系实际”。现在的情况是“理念为王”“模式为先”，而且多是从国外直接拿来就用或改头换面，结果是教育界充满了山寨货，概念多得消化不了，而实用者又奇缺无比。这让一线教师中的先行者倒了胃口，而大多数教师则对此望而生畏。学习国外没错，问题是不能生硬地照搬，更不能故作高深。“理论联系实际”如果是一条硬道理，就应该结合教学实际，解决关键性的问题。因此，《丛书》立足于学科，既明确教学研究行为的理论支撑，又不至于使理论或概念伤害教师的理解。我们要求作者通过内容结构反映学科教师专业发展与行动研究的要点，基于案例阐释其专业发展与行动研究的关系，指引读者关注自身的知识结构、专业素养和教学经验，并由此把握应有的行动研究。

第二，课堂教学与学习指导研究。这是教师职业所规定的必要的研究范畴。鉴于前面两套丛书已实际涉及与此相关的广泛话题，《丛书》重点从研究范式和策略方面做些案例分析，以便强调两种研究意识。一是有效教学和有效学习指导具有关联性，因为教与学的方式不同，教师的行为及所运用的教学能力等也不同，“有效性”在其中强调的就是一种具有专业性的角色意识。二是关于教学和学习指导的有效研究，都基于教师在课堂教学和学习指导中表现出来的具体的教或指导的行为，其中的策略意识决定了教学或学习指导的效果。

第三，有效学习与学习评价研究。如何评价学生的学习是有效的，才是有效教学研究关注的重点。无论是从教或学哪个角度说，学生实际获得的学习成就，才是评价的中心。从编写逻辑看，有效教学和有效学习指导的落脚点都是学生获得的学习水平，当然要作为教师教学研究的重点课题。围绕学生有效学习的方法和策略，我们还适当地关注了中小学教师组织学生有效学习所需具备的基本能力和培养方式的研究话题。

第四，择要导入课例研究、叙事研究与校本研修等通行的教师专业发展方式，包括基于学科教学所做的课例研究、叙事研究和校本研修，以及相关问题和指导等。这些研究不仅直接影响着教师个人的专业发展，而且也关系着学校环境和文化的建设，不同学科对此都有独特的贡献。

《丛书》各册主编和主要参编人员来自首都师范大学、陕西师范大学、山东师范大学、北京教育学院、福建师范大学、天津师范大学，以及天津市教育教学研究室、北京市西城区教育研修学院、西安市教育科学研究所等十几个单位，他们中有知名的学科教育专家、特级教师和中小学骨干教师；有多名博士和省级教学名师；还有经验丰富的“国培”专家库成员。正是有了这样的编写队伍，并涵盖了广泛的地域教学资源，才确保了各册作品的针对性、专业性和探索性。

与前两套丛书相同，本丛书主编除参与策划、拟定编写提纲、确定编写主旨和组织编写外，不对学科内容进行限定，各册主编负责学科内容结构和编写质量的把关，因此他们卓有成效的工作，为《丛书》锦上添花。对他们付出的努力，我深表感谢。

《丛书》虽是集体合作的结果，但北京师范大学出版社出色的策划能力、兢兢业业的工作态度以及在编写过程中显示出的运作力和专业水平，使我们受益匪浅，在此特别向李志、刘松弢两位策划以及各位责任编辑表示感谢！由于水平有限，书中难免有疏漏与不妥之处，敬请读者批评指正！

赵亚夫

2016 年 4 月 2 日

目 录

第一章 专业发展与行动研究——促进师生生命健康成长的必要条件/1
第一节 如何理解小学教师专业发展——促进师生生命成长的旨趣所在/3
第二节 如何理解小学教师专业知识/10
第三节 如何理解小学教师专业能力/19
第四节 行动研究对小学教师专业发展意味着什么——促进小学教师专业发展的重要载体/25

第二章 课堂教学与有效学习研究——促进儿童生命健康成长的重要途径/34
第一节 课堂教学与有效学习研究有何得失/35
第二节 课堂教学与有效学习研究要研究什么/43
第三节 如何进行课堂教学与有效学习研究/46

第三章 学习指导与学习评价研究——促进儿童生命健康成长的关键导向/59
第一节 学习指导与学习评价存在哪些问题/60
第二节 学习指导与学习评价研究要研究什么/66
第三节 如何进行学习指导与学习评价研究/82

第四章
课例研究与教育叙事研究——促进儿童生命健康成长的有效保障/90
第一节　小学教师为什么要做课例研究/91
第二节　小学教师怎样进行课例研究/96
第三节　小学教师如何做教育叙事研究/103

第五章
校本研修与课题指导——促进儿童生命健康成长的环境支持/115
第一节　教师为何要进行校本研修/116
第二节　校本研修如何实施/123
第三节　如何在校本研修中开展科研课题/135

后　记/141

第一章

专业发展与行动研究——促进师生生命健康成长的必要条件

案例指引1 做学生生命中的贵人——教师的启示

许多年前，汤普逊老师对她五年级的学生们撒了一个谎，说她会平等地爱每个孩子。但这是不可能的，因为前排坐着一个泰迪·史塔特，一个邋遢、上课不专心的小男孩。汤普逊老师总是很不高兴地用粗红笔在泰迪的考试卷上画大大的叉，然后在最上排写个“不及格”！

某一天，汤普逊老师检视每个学生以前的学习记录表，她意外地发现泰迪之前的老师给他的评语十分惊人。

一年级老师写道：“泰迪是个聪明的孩子，永远面带笑容，很有礼貌。他的作业很整洁。他让周围的人很快乐！”

二年级老师写道：“泰迪很优秀，很受同学欢迎。但他的母亲罹患绝症，他很担心，家里生活一定不好过。”

三年级老师写道：“母亲过世，泰迪一定不好过。他很努力表现，但父亲总不在意。若再没有改善，家庭生活将严重打击泰迪。”

四年级老师写道：“泰迪开始退缩，对课业提不起兴趣，没有什么朋友，有时在课堂上睡觉。”

直到现在，汤普逊老师才了解到泰迪的困难，她深感羞愧。

圣诞节来临，她收到泰迪的礼物。别人的礼物是用缎带及包装纸装饰得漂漂亮亮的，泰迪送的礼物却是用杂货店的牛皮纸袋包起来的。汤普逊老师感到很难过、很心酸。她当着全班同学的面打开泰迪的礼物。有的孩子开始嘲笑泰迪送的圣诞礼物：一个是一条假钻手环，上面还缺了几颗宝石；另外一个是只剩四分之一的香水。

但是汤普逊老师不但惊呼漂亮，还带上手环，并喷了一些香水在手腕上。其他孩子都愣住了。

放学后，泰迪留下来，对汤普逊老师说：“老师，你今天闻起来好像我妈妈哦！”

等泰迪回家后，汤普逊老师整整哭了一小时。就在这一天，汤普逊老师不再教“书”，不教阅读、不教写作、不教数学，相反地，她开始“教育孩童”！

汤普逊老师开始特别关注泰迪，而泰迪的心似乎重新活了过来。汤普逊老师越鼓励泰迪，泰迪的反应越快。到了学年尾声，泰迪已经成为班上最聪明的孩子之一。虽然汤普逊老师说过她会平等地爱每个孩子，但泰迪却是她最喜欢的学生。

一年后，汤普逊老师在门边发现一张纸条，是泰迪写来的，上面说：“汤普逊老师是我一生遇到的最棒的老师！”

六年过去了，汤普逊老师又发现一张泰迪写的纸条。那时，泰迪已经高中毕业，成绩全班第三名，而汤普逊老师仍然是他一生中遇到的最棒的老师！

四年后，汤普逊老师又收到一封泰迪写来的信。他说有时候学校生活并不顺利，但他仍会坚持下去，不久的将来，他将获得荣誉学位并毕业。他再一次告诉汤普逊老师，她仍是他这一生中遇到的最棒的老师！

四年过去，又来了一封信。泰迪在信中告诉汤普逊老师，他大学毕业后决定继续攻读更高学位；他也不忘再说一次，汤普逊老师还是他这一生中遇到的最棒的老师。而这封信的结尾多了几个字“泰迪·史塔特医师”。

隔年春天又来了一封信，泰迪说他遇到了生命中的女孩，马上要结婚了。泰迪解释说，他的父亲几年前过世了，他希望汤普逊老师可以参加他的婚礼并坐在属于新郎“母亲”的位置上。

汤普逊老师完成了泰迪的心愿。但你知道吗？汤普逊老师竟然戴着当年泰迪送的假钻手环，喷了泰迪送的那瓶香水，那是泰迪母亲过世前最后一个圣诞节用过的香水。

他们相互拥抱。泰迪悄悄在耳边告诉汤普逊老师：“汤普逊老师，谢谢你相信我！谢谢你让我觉得自己很重要，让我相信我有能力去改变！”

汤普逊老师热泪盈眶地告诉泰迪：“泰迪，你错了！是你教导我，让我相信我有能力去改变。一直到遇见你，我才知道该怎样教书！”

遇到人生中的贵人时，要记得好好感激，因为他是你人生的转折点。同时，教师也要思考如何当孩子生命中的贵人。

这是一个感动过无数教师的、广泛流传的故事，也是一个引发诸多有关小学教师思考的故事。何谓小学教师专业？小学教师专业发展的方向何在？小学教师专业发展与小学儿童的生命成长有何关系？小学教师专业发展与其自身有何关系？这些问题恰恰是本章要讨论的问题。

第一节　如何理解小学教师专业发展
——促进师生生命成长的旨趣所在

一、小学教师专业发展的内涵

(一)何谓教师专业发展

要理解教师专业发展的内涵，首先要明晰何谓专业。1933 年，英国社会学家卡尔·桑德斯(Carl Saunders)和美国社会学家威尔逊(Wilson)在他们的经典研究成果

《专业》一书中，首次为“专业”下了定义。“所谓专业，是指一群人在从事一种需要专门技术的职业，是一种需要特殊智力来培养和完成的职业，其目的在于提供专门性的服务。”①

布兰德斯(Brandeis)认为：“专业是一个正式的职业；为了从事这一职业，人们要经过必要的以智能为特质的上岗前的训练，包括知识和某些扩充的学问，它们不同于纯粹的技能；专业主要是供人们从事为他人服务的工作，而不是从业者单纯的谋生工具。”他提出了构成“专业”的最基本的三大属性，即全日制的正式职业，以深奥的知识、才能和技术为基础，为公众和社会提供无私的服务。②

目前，教育界广泛采用的是利伯曼(M. Liebermann)对专业的定义。他认为，专业应当满足以下基本条件：①范围明确，垄断地从事社会不可缺少的工作。②运用高度的理智型技术。③需要长期的专业教育。④从事者无论个人、集体，均具有广泛的自律性(autonomy)。⑤在专业的自律性范围内，直接负有做出判断、采取行动的责任。⑥非营利，以服务为动机。⑦形成了综合性的自治组织。⑧拥有应用方式具体化了的伦理纲领。③

可见，专业是指一个正式的、专门的、以服务为动机的职业；从事这一职业的人，必须具备从事该职业所应有的专门知识和能力，而且具有专业自律的意识与能力；而这样的专门人才必须经过长期的培养和训练。

那么，何谓教师专业发展呢?

对教师专业发展的理解，按照汉语中不同的构词方式有两种，即“教师专业 · 发展”与“教师 · 专业发展”。前者被理解为教师所从事的职业作为一门专业，其发展的历史过程；后者被理解为教师由非专业人员成为专业人员的过程。④ 有学者指出：教师专业发展是教师的专业成长或教师内在专业结构不断更新、演进和丰富的过程。⑤不仅如此，人们对教师专业发展的理解，经历了从关注教师专业发展的结果(履行教学功能的知识、能力和品性)，转向强调教师专业发展的过程(教师的终身学习)，再转向注重教师专业发展的目的(发挥教师的自主意识并鼓励教师参与社会变革)这样一个过程。⑥

在此，教师专业发展是指教师由非专业人员成为专业人员，其内在专业结构不断更新、丰富的专业成长过程。

---

① 余文森，等．教师专业发展．福州：福建教育出版社，2007：8

② 筑波大学教育学研究会．现代教育学的基础．钟启泉，译．上海：上海教育出版社，1986：442

③ 张民选．教师专业发展策略译丛．北京：中国轻工业出版社，2005：总序

④ 叶澜，等．教师角色与教师发展新探．北京：教育科学出版社，2001：199

⑤ 叶澜，等．教师角色与教师发展新探．北京：教育科学出版社，2001：226

⑥ 朱旭东．教师专业发展研究述评．中国教育学刊，2007(01)：68

知识卡　从国外研究来看，对教师专业发展的理解主要归为三类

第一类是指教师的专业成长过程。具体描述有：一是在教学职业生涯中，教师掌握良好专业实践所必备的知识与技能的过程。二是个人在专业生活中的成长，包括信心的增强、技能的提高、对所任教学科知识的不断更新、拓宽和深化以及对自己在课堂上为何这样做的原因意识的强化。三是指通过在职教师教育或教师培训而获得的特定方面的发展，同时在目标意识、教学技能和与同事合作的能力等方面的全面进步。四是教师与学生一起改进其实践的途径，并在学校中建立一种相互合作的文化，同时鼓励和支持教师间相互学习。五是教师由于经验增加和对其教学系统审视而获得的专业成长。

第二类是指促进教师专业成长的过程(教师教育)。具体描述有：一是研究教师专业发展的路径有两种，一种是教师掌握教学复杂性的过程，主要关注特定教学法或课程革新的实施，同时也探究教师是如何学会教学的，如何获得知识和专业成熟，以及如何长期保持对工作的投入等；另一种是研究影响教师动机和学习机会的组织和职业条件。二是从对词汇的使用、选择中看对教师专业发展的理解。比如，把专业发展(professional development)、教师培训(staff development)、在职教育(inservice education)等作为完全可以相互替代的词汇交叉使用。

第三类是指以上两种含义兼而有之。具体描述有：一是协助教师改进教学技巧的训练。二是学校改革整体活动，促进个人最大成长，营造良好气氛，提高学习效果。三是增进教师对其工作和活动的了解，不只在提高教学成果上。四是利用最新的教学成效的研究，改进学校教育。五是专业发展本身就是一种目的，协助教师在受尊敬的、受支持的、积极的气氛中，促进个人的专业成长。

——资料来源：叶澜，等．教师角色与教师发展新探．北京：教育科学出版社，2001：222～225

(二)小学教师专业发展的内容有哪些

通过对各国教师专业标准的比较研究发现，教师专业发展的内容主要有四个方面：一是学会理解、尊重学生，致力于每一位学生的学习与成长。二是具备促进学生有效学习的教学实践技能。三是具有专业反思能力和终身学习的能力。四是养成专业合作的品质。①

小学教师专业发展的内容离不开教师专业发展的基本方面，但也有其特殊性。

---

①　教育部教师工作司．教师教育课程标准解读．北京：北京师范大学出版社，2013：15～20

具体内容还需要回到《小学教师专业标准（试行）》（以下简称《专业标准》）来看。《专业标准》从三个维度对小学教师专业发展的内容做出了规定。

一是专业理念与师德维度。主要内容有：认识小学教师职业的独特性、懂得小学教育的专业属性以及为人师表和合作精神；树立育人为本、德育为先的理念，关爱小学生，尊重、信任小学生，并为小学生创建快乐的学校生活条件；从小学生的状态和需要出发，调整教育教学的态度与行为；拥有良好的品质，具有积极的性格，保持健康的心态等。

二是专业知识维度。主要内容有：了解有关小学生发展的知识以及小学生身心特点及规律，掌握相应的教育方法等；掌握小学教育教学的基本知识，了解所教学科和多学科知识、思想原理和方法及其与社会实践、其他学科知识的联系等；掌握小学"学"与"教"的基本理论以及所教学科的课程标准和教学知识等；具有综合性的知识储备。

三是专业能力维度。主要内容有：着重对教育教学设计、组织与实施、激励与评价、沟通与合作、反思与发展五个领域进行详细说明，其中，"教育教学设计"在教师"专业能力"中占据首要位置。[①]

（三）小学教师专业发展有何特性

小学教师专业发展与教师专业发展具有共性，如学习性、过程性和终身性等，同时也有其自身的特性。回到《专业标准》来看，小学教师专业发展的特性突出体现在小学儿童性、小学教育性、综合性。

可以说，对教师专业发展的理解，既有一般意义的层面，如专业情意与师德、专业知识与专业能力；也有特殊意义的层面，如核心价值取向方面，即专业理念与师德、专业知识和专业能力的共同指向。从这个角度来看，小学教师专业发展的核心价值取向或轴心是促进师生生命健康成长，这也是小学教师专业发展的旨趣所在。

小学教师这一角色的责任不是单纯地履行教学任务，而是帮助小学儿童健康成长。因而小学教师专业发展也不仅指向教学技能，还指向儿童教育。相对而言，小学教师专业发展更强调儿童教育，更注重有关儿童的知识、儿童教育的知识，而不是单纯强调学科知识、学科教学。

小学教师是从事小学教育的工作者，其专业发展必然围绕着小学教育。小学教育属于基础教育，具有全民性、全面性、基础性、义务性、启蒙性等特性，但又有不同于基础教育其他阶段的特性，主要体现为贯穿全程的衔接性、综合性、养成性。

小学教育衔接幼儿教育与中等教育，分为低、中、高三段。低段与幼儿教育衔

---

① 教育部教师工作司．小学教师专业标准解读．北京：北京师范大学出版社，2013：25～125

接，具有一定的保育性；高段与中等教育衔接，具有一定的学科教育性。衔接性主要表现为学习内容、活动方式、身份责任、行为习惯等。

小学教育具有综合性。这种综合性源自小学生的身心发展状况、小学生的生活状况以及小学生学习的综合性等，体现在培养目标、学习内容、培养方式等方面。

小学教育具有养成性。小学阶段是人的生命成长历程中最重要的阶段，是最易受影响的阶段，一个人在此阶段形成怎样的品德与习惯会影响其一生。小学阶段是一个人的基础性道德品质和行为习惯养成的最佳时期，小学教育要在遵循小学儿童生命成长规律的基础上，依据社会要求对小学儿童进行良好品德与行为习惯的培养并使之形成。①

二、以儿童教育为己任

（一）明确小学教师的身份

小学教师是小学儿童教育工作者，不单单是小学某一学科的教授者。小学教师通过小学某一学科教学方式教育小学儿童，而不是单纯地向小学儿童教授某一学科的知识。概言之，小学教师是以小学儿童的教育为己任，而不是以小学学科知识的传授为己任。前者是目的，后者是手段，后者为前者服务。② 以小学儿童教育为己任，意味着小学教师不能以自身的工作成绩为目的，而要有“只管耕耘，不管收获”的精神，要有长远眼光，要呵护小学儿童的学习兴趣，注重培养他们良好的学习习惯，为他们的终身学习打下良好基础。

从小学教师与小学儿童的关系看，小学教师是小学儿童的重要他人。所谓重要他人，是指对个体社会化过程具有重要影响的具体人物。学生的重要他人可以分为互动性重要他人和偶像性重要他人。互动性重要他人是指学生在日常交往过程中认同的重要他人，他们在学生心目中成了楷模、导师、知心朋友等角色形象。偶像性重要他人是因受到学生的特别喜爱、崇拜或敬佩而被学生视为学习榜样的具体人物。

为什么教师能成为儿童成长中的重要他人呢？这主要是由教师角色的特殊性所构成的与儿童关系的特殊性所决定的，主要体现在三个方面：一是教师有“替代父母”的职责。当小学生离开家、离开父母进入小学校园时，小学教师就有替代父母角色的责任。二是教师是道德榜样。与儿童相伴的教师，只要品行端正、能力突出、能被儿童尊重和认可皆可成为儿童的榜样。三是教师促进。教师角色的主要职责在于主动、积极、适切地为学生精神生命成长提供有效能量，即教师促进。主要表现

---

① 教育部教师工作司．小学教师专业标准解读．北京：北京师范大学出版社，2013：4～5

② 教育部教师工作司．小学教师专业标准解读．北京：北京师范大学出版社，2013：5

为教师以其自身的言行和独特的生命体验，向学生提供直接的、具体的和有针对性的帮助，有效激活学生的生命需要，唤醒其生命潜能，促使其生命健康成长。①

（二）理解小学生的“身份”

小学教师必须正确理解小学生的“身份”。进入小学学习的儿童，被称为“小学生”，相对于教师而言，他们是学生。那么这些儿童的身份是“小学生”还是“孩子”？回到生命本身来看，小学生是孩子，是在小学求学的孩子，是小学儿童。② 小学儿童不同于“小学生”、不同于“成人”，这就需要小学教师能正确认识与理解小学儿童，其中，最为重要的是认识与理解儿童的天性与需要。

儿童天性如何？我国学者凌冰在《儿童学概论》一书中，将儿童天性分为非社会性和社会性两类。儿童天性的非社会性主要包括儿童的食性、求知性、恐惧性和奋斗性。简要地说，食性是指儿童的吃；求知性是指儿童对智慧的追求；恐惧性常伴随儿童身边，也是人本身的特性；奋斗性指儿童有努力获得渴望的东西的本性。儿童的奋斗性是养成儿童未来勇敢、独立、冒险等美德的基础，教育者应该鼓励并适当引导儿童这种天性的发展。“儿童天性的社会性主要包括，儿童的游戏性、同情性、模仿性、好群性和竞争性。简言之，游戏性指儿童除了游戏、吃饭、睡觉三件事以外，几乎没有别的事情可做。游戏可以发展儿童的身体、智力和道德心，喜欢游戏的儿童通常有很强的合作精神。同情性指儿童对身外的人和物感同身受并给予同情的心理。同情心的发展要具备两个条件：一是各种事物的经验，二是丰富的想象力。儿童的同情心大概要在五六岁才能渐渐发展起来。模仿性分为四种：一是反射模仿，是在儿童出生后一二年内发展起来的，是一种神经上的反射作用，没有什么意识；二是无意识模仿，儿童这种模仿在二三岁时出现，而至五六岁时发展最甚；三是有意识的模仿，即有目的的模仿，这种模仿性从六七岁发展后，一直保持至终老，人类的学问大概十分之九都是从这种模仿得来的；四是理想的模仿，这种模仿要到了青年时代优质知识才有。好群性指儿童喜欢和伙伴一起活动的品性。竞争性指儿童都有竞争心理，希望在群体中得到认可。”③

有关儿童需要，《小学课堂有效教学》④一书从两方面做了论述。一是根据英国学者迈·凯梅·普林格尔所著的《儿童的需要》一书，列举了儿童的需要，主要有：对爱与安全的需要、对新体验的需要、对赞扬和认可的需要、对责任感的需要。二是

---

① 刘慧，等．小学生品德发展与道德教育．北京：高等教育出版社，2015：147～148

② 所谓小学儿童，是指6～12岁在小学学习的儿童。

③ 凌冰．儿童学概论．北京：商务印书馆，1921：98～105

④ 刘慧．小学课堂有效教学．北京：北京师范大学出版社，2015：9～13

结合小学教育现象和小学儿童的特点，强调了小学儿童需要的三个方面：被关注的需要、常规与游戏的需要、追求人生意义的需要。

当小学生被看作小学儿童时，小学教师才有可能理解小学生在课堂教学中出现的种种不符合小学生标准的“状况”，才可能恰当地对待，避免出现不良的后果。更为重要的是，作为小学教师，只有将学生看作儿童，而不仅仅是小学生，才能保护并实现小学儿童对学校、对学习的期待和憧憬。①

当小学儿童仅仅被当成小学生时，小学教师对小学儿童会有种种不恰当的态度和做法。例如，对小学儿童的要求、评判与行动，均必然以“学生”的标准为标准，不符合这一标准的就视为“不应该”“不对”，然后加以批评、指责，并要求改正。若过早、过严地以“学生”的标准对待小学儿童，尤其是低年级的小学儿童，会对其身心健康造成不良影响，有的甚至难以挽回。②

（三）“以学生为本”开展教育教学活动

“以学生为本”是“以人为本”理念在学校教育中的具体体现，也是教育的价值追求所在。

“以学生为本”强调学生的主体地位。小学教师要深刻意识到小学教育以促进小学儿童生命健康成长为根本，尊重儿童的主体地位和平等权益，尊重和遵循小学儿童的年龄特点和身心发展规律，对小学儿童的身心健康成长负责。

“以学生为本”强调学生在课堂教学中的主体性。小学教师要相信小学儿童，充分发挥小学儿童的主动性，为小学儿童创建快乐成长的条件，促进每个小学儿童主动、生动活泼地发展。

“以学生为本”强调为学生提供适合的教育。小学教师要充分理解，无论何种教育，归根结底只有通过小学儿童自身的选择与建构，才有可能真正形成小学儿童发展的现实。而且小学儿童具有个体差异性，小学教师只有研究他们，了解他们已有的知识状况，已有的经验、兴趣、爱好等，才有可能为他们提供适合的教育。

三、关注自身的生命成长

（一）明确“做人”与“做角色”的关系

角色是人的一种存在方式。在学校教育中，在不同的情境下，教师有着多种不

① 刘慧，等．小学课堂有效教学．北京：北京师范大学出版社，2015：6

② 刘慧，等．小学课堂有效教学．北京：北京师范大学出版社，2015：6

同的角色，如替代父母角色、榜样角色、管理者角色、朋友角色、激励者角色、研究者角色等。那么，教师如何才能做好这些角色呢？什么才能“撑起”教师的这些角色，或者做好这些角色的基础是什么呢？

有这样一句话：“不为师，方为师。”这意味着，作为教师，首先要“做人”，再“做角色”。教师自身对学生的影响非常大。一个人不是在被教育时受到教育，而更多的是在感悟他人生命的经历、体验、感悟时受到教育的：从中模仿、比较、反思、设计、行动、追求。教师用自己的经历、经验、学识、能力对学生产生影响，尤其是对小学儿童而言，这种影响更大。因此，小学教师首先要把“人”做好，要做好自己。其实，无论做什么角色，都必须先把人做好。只有做好了人，才有资格、有基础、有能力做好角色。那么，什么是做好人呢？回到根本而言，好人一定是具有良好道德品质的人。

（二）小学教师自身生命成长

相比而言，教师专业发展更为核心的是教师作为个体的人的生命成长。这是其专业发展的原动力，只有个体生命质量提升，教师专业发展才能持续进行。如果仅仅作为职业发展，而忽视在这个过程中的自身生命成长，那么教师专业发展也可能难以长久维系下去。

教师职业不是单纯地奉献，像蜡烛、像园丁、像春蚕，而是为从事教师职业的人提供了生存保障、发展空间。教师要珍惜岗位角色，在教育职场中，主动谋求专业发展，不断提高自身的教育教学能力。人只有在角色中才能成就自己，只有做好角色，才能实现自己的生命价值。教师角色也不例外。正是教师角色，给教师提供了可能实现生命价值和展现生命意义的平台。正是在真实的教育生活中，教师通过保持良好的生命状态，努力做好角色，从而体会到自己生活的意义和生命的价值。

第二节　如何理解小学教师专业知识

案例指引 2　我与“射线”的故事

回到我曾经的小学校园，那一幕又清晰地在我的脑海里出现。我永远也忘不了。

那是一节数学课。王老师正在向同学们解释关于“直线、射线和线段”的几何概念。同学们都在聚精会神地听着。讲完之后，王老师问我们还有没有问题，如果有的话，就提出来。

我猛然想到了一个问题，觉得很好。于是，举起了右手。

“王老师，为什么‘射线’只有一点而不是两点呢？”我歪着头，认真地问道。提完问题之后，我对我的问题很是自豪，期望老师能够表扬我动脑筋。整个教室一下子变得鸦雀无声。接着，我听到同学们的嘘嘘声。我感到不安了。希望老师能够很快给我答案。

只见王老师的脸由晴转阴，最后变得铁青。啪！王老师突然猛地一拍桌子，大声训斥道：“你为什么有两只眼睛，而不是一只眼睛?！为什么你叫崔琴，不叫崔牛、崔马呢?!”

全班同学顿时哄堂大笑。我被他的回答和咆哮如雷吓得目瞪口呆。眼泪在我的眼圈里打转。我不知道我是怎么坐下来的。我的耳边全都是嘲讽的声音。我忍不住趴在桌上哭了起来。

从那以后，我在那所学校多了一个外号。

——资料来源：与李淑英博士的对话记录，时间为2008年5月

故事中的“我”问的问题“错了”吗？怎样看待“我”的行为？王老师为什么会发这么大的火？这说明了什么？王老师的问题出在哪里？王老师该不该回答这个问题？王老师若要回答这样的问题，需要具备怎样的知识结构？

一、何谓教师专业知识

(一)何谓专业知识

教师专业知识是教师专业发展的重要组成部分，是教师专业发展的核心内容之一，是支撑教师教育教学的基础。教师专业知识是教师从事教育教学活动必备的专门性知识，区别于其他专门职业的知识特性，是教师成为专业人员的必要条件，也是教师的专业信念和专业能力的基础，是教师有效开展教育教学活动的基础和保障。教师的专业知识水平不仅影响着教育教学工作的开展，而且影响着学生的学习。

那么，何谓知识？在《现代汉语词典》中，对知识的解释有两种：一是指人们在社会实践中所获得的认识和经验的总和；二是指学术、文化或学问。① 不同的人对知识有着不同的定义，采纳的知识标准不同。例如，有的人将经验的证实看成是知识的标准，有的人则将实际的效用看成是知识的标准。其实，综合文献观点，知识是一个内涵十分丰富、外延相当宽泛的概念。知识的内容包含事实、方法、原理、原

① 中国社会科学院语言研究所词典编辑室．现代汉语词典(第6版)．北京：商务印书馆，2012：1668

则及技术等；知识在获得历程上包括经验、领悟及人际互动等。知识在应用方面则是组织或个人的问题解决及做决定。①

当前，人们倾向于把知识看作人类在实践中总结归纳，并认为是真实正确的、可以指导解决问题的经验，这些经验可以被呈现为事实、概念、程序和原理。根据这种对知识的理解，专业知识可以被界定为在特定专业领域里被实践证明是真实准确的、可以指导解决该领域的实践问题的经验。从业者要胜任这一专业化的职业，就必须具备这些知识。

知识卡　知识的分类

从知识的分类看，最一般的是根据学科门类将知识分为自然科学与社会科学。在哲学史上，主要依据自然与人、客体与主体的区别将知识分为理论知识和道德知识。传统认识论依据人的认识能力，把知识分为感性知识与理性知识。依据知识来源的性质，将知识划分为经验知识和先天知识。

心理学家安德森(J. R. Anderson)首创陈述性知识与程序性知识的概念。陈述性知识主要用来描述“是什么”或解释“为什么”，而程序性知识则主要用来回答“怎么办”和“如何做”。

英国思想家波兰尼(Michael Polanyi)提出了“默会知识”。他认为人类的知识有两种。通常用书面文字、图表或数学方式表达的知识，仅仅是知识的一种形式；而非系统阐述的知识，像我们行为中的某些方面，则是知识的另一种形式。

经济合作与发展组织(OECD)的报告中正式提出，人类迄今为止所创造的知识分为四大形态：事实性知识、原理性知识、技能性知识和人力知识。事实性知识是指那些事实、数据知识；原理性知识是指把事实性知识经过整理找出它们的内在联系，再按照不同的抽象层次概括出不同层次的知识；技能性知识教人怎么做，是一种工艺性的、技能性的知识；人力知识教会人管理、收集、利用知识，并学会从哪里找到有用的知识。

自20世纪80年代以来，全新的知识观逐渐形成。知识主要具有建构性、社会性、情境性、复杂性和默会性等特点。

客观性与建构性是知识的一个重要维度。客观主义认识论对知识的假设是，知识是人对外部客观世界的被动反映，有关世界的知识是可靠的。新的认识论认为，知识主要是个人对知识的建构，即个人创造有关世界的意义而不是发现源于现实的意义。

个人与社会是知识的又一个重要维度。前者将知识看作是居于个体内部的，后者则认为知识是内含在团队或共同体中的。

---

① 邵光华．教师专业知识发展研究．杭州：浙江大学出版社，2011：9

关注知识的情境性是揭示知识本质的一个新视角。所有的情境理论都强调认知与学习的交互特性和实践的重要性。人类学视角的情境学习与认知理论把知识视为个人和社会或物理情境之间联系的属性以及互动的产物。

从知识与信息的区分上看，以往将知识混同于稳定的、自足的、结构良好的和客观的信息；而知识是主观的、不稳定的、结构不良的，是与其形成的情境脉络紧密联系的。

知识总是和认知者相关，与认知者在特定情境中孜孜不倦的求知过程相联系，所以知识总是包括认知者对真理的质疑、对知识的渴求、对知识的建构与理解以及所有这一切发生的情境脉络。复杂知识的主要特征就是结构的开放性、不良性，知识的建构性、协商性、情境性。

——资料来源：刘慧．陶养生命智慧．北京：教育科学出版社，2008：25～26

（二）教师专业知识包括哪些

自20世纪80年代以来，随着教师专业化的发展，教师专业知识得到较多关注，国内外学者对教师知识结构进行了研究。其中，具有代表性的观点是由美国学者舒尔曼提出的。他认为构成教师从教的知识基础有七种类型。

一是学科知识：对某一学科的内容具有在该领域的专家水平的理解，包括具体的概念、规则和原理及其相互之间的关系的知识。

二是一般教学知识：超越各具体学科之上，能普遍使用的一般教学原则与策略。

三是课程知识：教师对整个教学计划全面地理解，包括课程理论、教科书等内容的理解。

四是学科教学知识（PCK）：将所教的学科内容和教育学原理有机融合而成的对具体课题、问题或论点如何组织、表达和调整以适应学习者的不同兴趣和能力以及进行教学的理解。

五是有关学习者的知识：学生学习过程中身心状况的各种知识，包括学生的兴趣、需要、优缺点等。

六是情境知识：关于学习环境的知识，如教室、学校、社区等。

七是其他课程知识：关于教育的目标、目的和价值以及它们的哲学和历史基础的知识。

另外，澳大利亚、美国、英国、新西兰等国家的教师专业标准在教师专业知识上反映出这样的共识：专业知识（应知），即教师应知自己所授学科的基本概念、原则以及学科结构；应知本学科和其他学科的相互联系，知道如何有效地教授学科内容；能清楚地知道学生是如何学习的，知道怎样促进学生的学习；能了解学生的不同的社会、文化背景，知道该如何影响学生的学习等。①

国内学者也对教师专业知识结构进行了探讨。② 叶澜认为，教师的知识结构是多层复合的，主要有三层：最基础层面是有关当代科学和人文两方面的基本知识以及工具性学科的扎实基础和熟练运用的技能、技巧；第二层是具备 1 ~ 2 门学科的专门性知识与技能，是教师胜任教学工作的基础性知识；第三层是教育学科类，由帮助教师认识教育对象、教育教学活动和展开教育研究的专门知识构成。

可见，教师专业知识包括多个方面，主要有学科类知识、教育类知识、通识类知识和实践类知识及其综合性知识。

知识卡　教师知识的分类

林崇德等人依据某功能提出教师知识应包括四类：本体性知识、条件性知识、实践性知识、文化知识。具体而言，第一，本体性知识是教师所具有的特定的学科知识，如数学学科的知识、语文学科的知识。第二，条件性知识是指教师具有的教育学和心理学知识。它包括学生身心发展的知识、教与学的知识以及学生成绩评价的知识，是一个教师成功教学的保证。条件性知识对本体性知识的传授起到理论支撑作用。第三，实践性知识是教师在教学行为中所具有的课堂情境知识以及与之相关的知识，这种知识是教师教学经验的积累，能对本体性知识的传授起到实践性指导作用。第四，文化知识包括哲学、社会科学、自然科学等各方面的知识。

——资料来源：辛涛，申继亮，林崇德．从教师的知识结构看师范教育的改革．高等师范教育研究，1999(06)：13 ~ 15

陈向明把教师知识从知识存在的形态角度分成两类：理论知识和实践知识。前者通常呈外显状态，可以为教师和专业理论工作者共享，是教师知识冰山露出水面的部分，具有可表述性，比较容易把握。后者通常呈内隐状态，基于教师的个人经验和个性特征，镶嵌在教师日常的教育教学情境和行动中，深藏在知识冰山的下部。实践知识包括教育信念、自我知识、人际知识、情境知识、策略性知识和批判反思知识。

——资料来源：余文森，等．教师专业发展．福州：福建教育出版社，2007：58 ~ 59

二、小学教师专业知识的主要内容

小学教师专业知识与教师专业知识既有共同性，也有特殊性。其特殊性主要体

① 周文叶，崔允漷．何为教师之专业：教师专业标准比较的视角．全球教育展望，2012(04)

② 余文森，等．教师专业发展．福州：福建教育出版社，2007：58 ~ 59

现在有关儿童的知识上以及几种类型知识的具体内容上。这主要是由小学儿童的特性、小学教育的特性所致。从《专业标准》看，小学教师专业知识主要包括通识性知识、儿童类知识、教育教学类知识、学科类知识、教师专业发展知识五方面。

（一）通识性知识

通识性知识是指有利于小学教育教学工作有效开展、体现教师素质的普通文化知识。《专业标准》对小学教师应具有的通识性知识提出的基本要求是与小学教育的范畴与程度相对应的。具体而言有三种。

一是自然科学和人文社会科学知识，如物理学、化学、生物学等自然科学知识，以及哲学、历史学、社会学、文化学、伦理学、地理学等人文社会科学知识。小学教师应将不同学科的知识纳入视野范围之内，理解不同学科在教育功能上的差别，明白自己所教学科在整个知识体系中的位置，打通不同知识间的壁垒，将所教学科的知识与其他学科的知识联系起来。

二是艺术欣赏和表现知识。艺术以具体的、生动感人的艺术形象表达人对生命和价值的概念、判断和追求。艺术欣赏和表现知识包含艺术的类别、艺术的特点、艺术语言和形式美的法则、艺术欣赏的方法以及艺术表现的方法等。

三是现代化信息技术知识。小学教师应具备相应的信息技术知识，不但要会使用幻灯机、投影仪、录音机、录像机、电视机、电影机、VCD、DVD、计算机等电子视听设备，利用声、光、电等现代化科学技术辅助教学，还应掌握相关的多媒体网络技术，能够以集合了语言文字、声音、图形、动画和视频图像等多种媒体信息的鲜活的形式呈现教学内容，以促进小学儿童的学习。小学教师应能借助信息技术采集、选择和处理相关的资料，将资料转化为有用的信息，充实和丰富教育内容，以扩大小学儿童的知识面。

（二）儿童类知识

《专业标准》所涉及的儿童类知识非常丰富，需要小学教师掌握的知识主要包括以下四方面内容。

一是有关儿童生存、发展和保护的法律法规及政策规定。例如，《教育法》《教师法》《义务教育法》《未成年人保护法》《学校卫生工作条例》《中小学幼儿园安全管理办法》《学生伤害事故处理办法》《中小学教师职业道德规范》等。

二是小学生身心发展的特点和规律。例如，小学生身体发育的一般特点，包括身高体重、骨骼肌肉、循环系统、呼吸系统、神经系统等的发育；小学生心理发展的一般特点，包括感知能力、记忆能力、思维和言语能力、想象能力、情感、意志和个性发展；不同年龄阶段学生认知发展的差异以及小学生的个体差异等；小学生的身心特点和特殊需要；小学生的学习特点，包括学习动机、学习态度、学习能力等；幼小、小初衔接阶段小学生的心理特点。

三是小学生青春期和性健康教育的知识。内容主要有：性别、性生理方面；性心理方面，悦纳自己的性别，尊重异性；性道德与社会方面，社会的性道德原则和行为规范，与异性交往的方法与礼仪；性审美方面，性别美的欣赏和塑造等。

四是小学生安全防护的知识。小学教师要根据所授学科的不同要求，具备相应的安全知识，如体育教师要具有防范运动损伤的知识。教师应具有应对学校公共安全事故的知识。

儿童类知识可以概括为两方面：一是有关儿童的知识，除了《专业标准》中所列的知识外，还包括有关儿童生活、儿童天性与需要、表达等方面的知识。二是有关促进小学儿童成长的知识，包括有关理解的知识，有关保护、引导、帮助等促进的知识。

（三）教育教学类知识

小学教育教学类知识是小学教师专业知识的重要组成部分，具体内容有以下几方面。

一是有关教育与小学教育的基本理论。教育的基本理论包括教育的含义、教育的本质、教育的价值、教育的历史发展、国际教育发展趋势等，如皮亚杰的“儿童认知发展阶段理论”、维果茨基的“最近发展区理论”、加德纳的“多元智能理论”、杜威的“反思性思维理论”和“‘做中学’理论”、布鲁纳的“探究性学习理论”、建构主义学习理论等。有关小学教育的基本理论，包括小学教育的性质、目标、内容、活动、方法、途径、环境等方面的知识。

二是小学生品行养成教育的基本理论。这是小学教育的重要部分，包括小学生品行养成的特点和规律，品德含义、结构要素、评价等基本理论，小学生品德发展与道德教育的基础、主要内容、实践领域等内容，卢梭的道德发展与教育思想，弗洛伊德的基本道德观和道德发展观，皮亚杰的道德发展理论，科尔伯格的道德发展理论，班杜拉的社会学习理论，吉利根的道德发展论等。

三是小学教学知识。有关教学的理论包括对教学本质的理解、教学设计、教学实施、教学管理、教学评价等。小学教学知识包括有关学科课程标准的知识，如学科课程的基本理念、学科课程的目标、学科课程的基本性质以及所教学科与其他学科课程标准的关系；有关学科教学的知识，包括关注小学儿童学习特点和所教学科的性质与内容、确定教学目标、选择教学方法、利用教学资源、评估学习结果等。

（四）学科类知识

《专业标准》依据小学教育教学的特性，对合格的小学教师应具有的学科知识提出了三方面的基本要求。

一是多学科知识及其之间的联系。小学教学不是单纯的学科知识的传授，而是具有启蒙性的传授。它的重要性在于使小学儿童的整个身心都能得到全面而良好的发展。小学教师所承担的角色是多面而复杂的，需要具有多方面的综合知识。小学阶段虽然已经开始分科教学，但学科内部和不同学科之间的综合性依然很强。即使是某一学科知识的教学，也离不开其他学科知识的支持，如对数学知识的理解需要具备语文以及历史方面的知识。

二是所教学科的知识体系、基本思想与方法。学科知识既包括某一学科基本的知识体系和原理等显性的客观事实，又包括这一学科的基本思想、态度和价值观等隐性的知识。所教学科的知识体系包括理解学科本身的内容、了解学科的发展历史、学科研究前沿等。学科内容知识包括以各种方法所教的知识、学科内部概念之间的关系、学科知识与其他知识之间的联系、学科内容设定的目的和依据、学科内容对学生可能产生的影响等方面。学科的基本思想和方法是基于对学科体系、内容的深入理解之上的。对学科体系、内容间的逻辑运动规则高度抽象与概括，是学科体系发展的基本手段与活动规则，是所有从事与学科有关的研究和职业人员所共享的范式，及共同遵守的思维方式与思维习惯。

三是所教学科与社会实践的联系。这种联系一方面是知识的应用，另一方面是在实践中知识的生成。所教学科的知识与社会实践相联系，贴近学生的生活经验。教师要在学生的认知起点上教学，创设贴近小学生活的教学情境。

（五）教师专业发展知识

教师专业发展知识是指教师由非专业走向专业发展的知识，包括教师作为个人的修养与行动、专业发展的规划、教师专业发展的动机与意愿、教师专业发展的主题与内容，以及教师专业发展的途径和方式等。其中，涉及专业反思和研究、专业合作、教师共同体等重要内容。

三、小学教师专业知识有何特性

促进儿童生命健康成长，是小学教师专业发展的核心价值取向，这不仅体现在专业情意方面，而且对小学教师专业知识也有要求，这种要求集中体现在专业知识的综合性上。综合性是小学教师专业知识的主要特性。那么，为什么综合性是小学教师专业知识的特性呢？

（一）小学教师专业知识应与儿童的发展特性相适应

小学教师是以儿童教育为己任的，小学教师怎样“教”，要根据小学儿童怎样“学”来进行。小学儿童，作为一个个有着独特个性、鲜活生命力的个体进入课堂，有着自己的真情实感、判断是非的能力、自己的知识经验、自己的成长背景。[①] 为此，小学教师必须要了解与遵循小学儿童发展的规律和特点。正如埃德·拉宾诺威克兹所言：作为教师，我们教儿童。既然教儿童，那我们就要了解儿童怎样思维，儿童怎样学习……[②]

小学儿童的发展特性体现为整体性和综合性。儿童的发展包括儿童的思维方式、儿童认识世界的方式、儿童的生活方式等。心理学研究表明，儿童的思维方式经历知觉、具体形象、抽象、逻辑思维这样一个发展过程。形象思维是儿童思维的主要方式，形象思维的方法有联想、想象、幻想、组合、类比，形象思维具有形象性、整体性、跳跃性等特点。

此外，儿童天生就有透视世界的整体性和洞察力，有辨认复杂事物特征的高度能力。这种透视世界的能力是整体性的与洞察性的，它使儿童一眼就看到事物整体的特征，从而保有优于大人的直观与敏感。辨认特征、整体地看待世间的复杂现象，整体辨认事物的能力是儿童秉承于自然的原始创造特质。[③]

（二）小学教师专业知识应与人类认识世界的方式相适应

世界存在本身是综合的。埃德加·莫兰指出，人类存在的世界同时是物理的、生物的、心理的、文化的、社会的、历史的。世界越来越变成一个整体。世界的每个部分越来越构成世界的部分，而世界作为整体，也越来越出现于它的每个部分之中。[④]

人类认识世界的方式正走向综合。笛卡儿自 17 世纪开始发展的现代西方范式决

---

① 刘慧，等．小学课堂有效教学．北京：北京师范大学出版社，2015：23

② ［美］埃德·拉宾诺威克兹．皮亚杰学说入门：思维·学习·教学．北京：人民教育出版社，1985：序言 3

③ 黄武雄．童年与解放．北京：首都师范大学出版社，2009：27，40，44

④ ［法］埃德加·莫兰．复杂性理论与教育问题．陈一壮，译．北京：北京大出版社，2006：7，51

定了双重的世界观——事实上，是把同一个世界两重化：一方面是一个遭受观察、实验、摆布的客体的世界，另一方面是一个向自己提出存在的问题的主体的、交流的、意识的、命运的世界。① 多尔指出，我们正不可改变，无以逆转地步入一个新的时代，一个后现代的时代。当我们向这一时代前行之时，我们需要将科学(science)理性与逻辑、故事(story)的想象力与文化，以及精神(spirit)的感觉与创造性结合起来。② 事实上，知识的瓦片无法使人认识真实的世界，无法使人认识真正的自己。真实的知识是整体的，是人对真实世界及对自己的整体性理解。③

体验是时代凸显的认识、理解、把握世界的方式。体验的方式同样是整合的、综合的。刘惊铎认为，体验是一种图景式思维活动，其中“图景”是一种跨越时空的有机的整体性存在。体验不仅含有混沌的直觉领悟，也含有理性的反思，它是符号、文字、语言“串行信息”和行为、图像、情境“并行信息”综合作用的融通式思维。体验具有整体领悟性、时空贯通性、情感与理智的交融性和意义生成性等特征。④ 可见，人类认识世界的方式凸显了感性和理性、直觉和反思、情境与生活的整体性、综合性等特征。

第三节　如何理解小学教师专业能力

案例指引 3　“甜甜”的惩罚

讲完《金色的脚印》一课后，我布置了一项家庭作业：写一写读了这个故事之后的感受，并且明确要求，一定要写够二百字。

第二天，我和组长一起检查作业的时候，发现小宇把头压得很低，以躲避我的眼神。组长走到他面前查看作业本，他立刻把作业本夺了过去。这是个让我伤透了脑筋的“懒学生”，我气不打一处来。他这不爱动笔的老毛病什么时候才能改呀！我竭力克制自己，努力使自己平静，问他为什么没写作业。他说：“我说说还不行吗?”

妥协吗？那样会助长他不爱写作业的气焰：你瞧，老师都拿我没办法！我在同学中的威信还怎么树立起来？再说，万一其他学生以他为“榜样”去效仿，那将是什么后果？我留的作业是用文字表达，凭什么你小宇就能不写，说说就算完成了？我是不是该狠狠地批评他：“懒惰还需要理由！朽木不可雕也!”我十分焦急，感觉有数十双眼睛正盯着我，等待着我的裁决呢，我陷入了进退两难的境地。

---

① ［法］埃德加·莫兰．复杂性理论与教育问题．陈一壮，译．北京：北京大出版社，2006：17

② ［美］小威廉姆·E. 多尔．后现代课程观．王宏宇，译．北京：教育科学出版社，2003：中文版序

③ 黄武雄．童年与解放．北京：首都师范大学出版社，2009：60～61

④ 刘惊铎．道德体验论．北京：人民教育出版社，2003：60，65，71

这时，我脑海中浮现出一个人：魏书生老师。他曾设计了一套别具一格的惩罚学生的新招，即违反了班级的制度，影响了班级的荣誉，给班级带来了一定的损失，那么就让这位学生用自己的行动来弥补自己的过失，这种方法一时成为教育惩罚的美谈。也就是说，惩罚要讲究方式和艺术，要讲究走进学生的心灵。

于是，我一变严肃的脸，平和地对学生们说："好！我同意。就让他行使一下特权，把昨天'写感受'的作业说一说。"小宇以为我会狠狠批评他一通，但听我让步了，他先是一惊，之后就是炫耀胜利的表情。其他学生也都吃惊地望着我。"但是，从现在开始，我们大家给你五分钟的准备时间，然后你来说感受，说的话一定要有条理，让我们每个人都能听清楚。"

小宇立刻开始了准备，只见他匆忙地打开课文，认真地阅读原文，手还不时地指着书上的图片，对着图片上的主人公说着什么。时间在一分一秒地过去。我一边不时地指导学生的朗读，一边耐心地等待着小宇。整整二十分钟后，我看到小宇的眼睛里充满了自信，就叫他站起来说，同学们也立刻安静了下来。他很从容，停顿了一下就开始说自己的感受："读了这个故事，我为正太郎的善良而笑，我为狐狸一家的团聚而笑，我更为人与动物之间的和谐而高兴。正太郎每天喂着小狐狸，小狐狸用舌头舔他的手，有时大狐狸也在屋中踱来踱去，这是多么美好的一幕呀！……"接着他又说到生活中人们残害小动物的行为，呼吁人们爱护动物。在座的所有同学都热烈地鼓起掌来。都为小宇的精彩发言而鼓掌。

惩罚也美丽！我暗暗为自己的正确决定而高兴。

——节选自：裴艳玲．静听师语．北京：光明日报出版社，2011：72～73

这是一位教师亲身经历的课堂上的"突发事件"。故事中，小宇"说'写话作业'"的要求意味着什么？"我"经历了怎样的心理变化？若要做到"惩罚也美丽"，"我"应具备怎样的专业能力？

一、何谓教师专业能力

（一）何谓专业能力

何谓能力？从词源上看，《现代汉语词典》对能力的界定是：能胜任某项工作或事务的主观条件。①《心理学大辞典》对能力的描述是：使人能成功地完成某种活动所需的个性心理特征或人格特质。能力不是与生俱来的，而是在人的遗传素质的基础

① 中国社会科学院语言研究所词典编辑室．现代汉语词典(第6版)．北京：商务印书馆，2012：942

上，在实践活动中逐渐形成和发展起来的。根据适用范围不同，可分为一般能力和特殊能力两类。前者指大多数活动都共同需要的能力，包括一般认知能力和基本操作能力两个方面；后者指从事某项专门活动所需的能力。①

可见，能力是一种个性心理特征。能力的形成和发展有两个关键因素：人的遗传素质和实践活动，前者是基础性条件，后者是支撑性条件，两者缺一不可。由于不同范围的指向，能力有一般和特殊之分，即一般活动所需要的能力和专项活动所需要的能力。

根据前文对专业和能力的阐释，可以把专业能力理解为从事一门专项活动所需要的能力。它是一般能力和特殊能力的合理整合，是在专业实践活动中不断培养和发展起来的，反映着这个专业职业要求的能力体系。专业能力直接或间接影响专业活动的质量和实际情况。

（二）教师专业能力有哪些

专业能力是教师专业发展的重要内容，是教师顺利开展教育教学、促进自我发展的根本保证。那么，教师专业能力有哪些呢？

从《专业标准》中看，幼儿园、小学、中学教师的专业能力各有其特点。

幼儿园教师必须具备七种专业能力：环境的创设与利用能力、一日生活的组织与保育能力、游戏活动的支持与引导能力、教育活动的计划与实施能力、激励与评价能力、沟通与合作能力、反思与发展能力。

小学教师必须具备五种专业能力：一是教育教学设计能力，如合理制订小学生个体与集体的教育教学计划，合理利用教学资源，科学编写教学方案，合理设计主题鲜明、丰富多彩的班级和少先队活动。二是组织与实施能力，包括建立良好的师生关系，创设适宜的情境，调动、发挥小学生学习的积极性与主体性，鉴别与矫正小学生的品行，运用现代信息手段等。三是激励与评价能力，包括综合评价小学生、教师自评与改进等。四是沟通与合作能力，包括与小学生、同事、家长、社区沟通。五是反思与发展能力，包括反思、探索、研究和规划职业生涯。

中学教师必须具备六种专业能力：一是教育教学设计能力，包括教学目标设计能力、教学过程设计能力。二是教学实施能力，包括教学情境创设能力、教学应变能力、现代教育技术应用能力。三是班级管理与教育活动能力，包括班级管理能力、教育活动能力。四是教育教学评价能力，包括综合评价学生能力、教师自我评价与改进能力。五是沟通与合作能力，包括师生对话能力、同事合作能力、家校合作能

---

① 林崇德，杨治良，黄希庭．心理学大辞典．上海：上海教育出版社，2003：868

力。六是反思与发展能力，包括反思能力、职业生涯规划能力。[1]

可见，教师的专业实践活动决定了教师究竟需要具备哪些能力，而专业实践活动的复杂性决定了教师能力结构必然是一个由众多单项能力构成的和谐统一体。

二、小学教师专业能力的主要内容

小学教师专业能力的分类有多种，标准不同、分法不同、表述不同。对《专业标准》中提出的五种专业能力，换一个角度分析可见，包含了理解儿童的能力、德育能力、教学能力、管理能力、研究能力和自我发展能力。

（一）理解儿童的能力

小学儿童是小学教师工作的对象。小学教师若对小学儿童一无所知，其开展的教育工作很可能会“本末倒置”“舍本逐末”或“南辕北辙”，从而难以实现教育的目的、完成教育教学任务。因此，理解儿童的能力是小学教师专业能力的核心所在。

理解儿童的能力主要表现为能理解儿童的天性、儿童的需要、儿童的经验、儿童的感受、儿童的表达等；能理解儿童生活的性质、儿童生活的价值、儿童生活的特点等。不仅如此，教师还应掌握访谈、观察、问卷、作品分析等常用的方法，并能运用这些方法了解儿童的经验、感受、需要等，进而为儿童生命健康成长提供有效能量。

（二）德育能力

德育能力是教师从事德育工作的能力，是能借助自己的知识、经验，促进小学儿童品德发展的能力。德育能力包括哪些呢？按照《专业标准》，小学教师的德育能力主要体现在，能合理制订小学生个体与集体的教育计划；能合理设计主题鲜明、丰富多彩的班级和少先队活动；能建立良好的师生关系，帮助小学生建立良好的同伴关系；能发挥好少先队组织生活、集体活动、信息传播等教育功能；能鉴别小学生行为和思想动向，用科学的方法预防并有效矫正不良行为；能对小学生日常表现进行观察与判断，发现和赏识每一位小学生的点滴进步；善于倾听，和蔼可亲，与小学生进行有效沟通，与家长进行有效沟通与合作，共同促进小学生发展。

---

① 教育部教育工作司．中学教师专业标准解读．北京：北京师范大学出版社，2013：113～148

《小学德育实践》一书中，刘慧等人讨论了德育的八大载体，实则提出了小学教师的八大德育能力，即能营造温馨环境、能创建和谐关系、能构建生命课堂、能实施学科德育、能有效实施德育课程、能有效开展德育活动、能实施人本管理、能追求自身发展与完善。

（三）教学能力

教学能力，一般包括教学设计能力、组织与实施教学能力、激励与评价能力等。《专业标准》强调的教师专业能力主要有：能合理利用教学资源，科学编写教学方案；能创设适宜的教学情境，根据小学生的反应及时调整教学活动；能调动小学生的学习积极性，结合小学生已有的知识和经验激发其学习兴趣；能发挥小学生的主体性，灵活运用启发式、探究式、讨论式、参与式等教学方式；能妥善应对突发事件；能灵活使用多元评价方式，给予小学生恰当的评价和指导；能使用符合小学生特点的语言进行教育教学工作等。

需要强调的是，对所教课程的理解与实施能力也是教学能力的重要内容。对课程的理解，主要包括两方面：一是理解课程性质、课程理念、课程设计思路、课程目标、课程结构内容及课程价值；二是理解所教课程的课标、教材、资源，以及开发、评价等。

（四）管理能力

管理能力是教师进行有效教育教学活动的重要保障。小学教师管理能力主要包括儿童管理、班级管理、课堂管理等。管理是一门艺术。对于小学教师而言，管理寓有教育性。正如赫尔巴特所指出的：满足于管理本身而不顾及教育，这种教育乃是对心智的压迫。无论是管理班级、管理课堂还是管理儿童，其核心指向都在于保证儿童在适宜的教育教学环境中学习和生活，以达到儿童的生命健康成长。儿童管理能力主要体现在能“以儿童生命为本”，以促进儿童生命健康成长为目的，能基于对儿童生命和生活的理解而采取适切的方式，尤其是能采取与儿童经验、经历、思维方式等相符合的方式进行管理。班级管理能力，主要包括班集体建设、建立班级组织机构、选拔班干部、落实人员分工及明确相应的职责、制订班级各项规章制度、协调班级人际关系、建设班级良好的育人环境等。课堂管理是教师组织并借助课程、儿童、课堂、自身、教育媒介等要素，通过运用鼓励、对话、沟通等方式完成教书育人的活动，因而课堂管理能力包括完成各个环节所需要的能力。

（五）研究能力

教育研究能力是教师专业发展的内在需要。《专业标准》在“专业能力”维度“反思与发展”领域提出了小学教师要“主动收集、分析相关信息，不断进行反思，改进教育教学工作。针对教育教学工作中的现实需要与问题，进行探索和研究”的基本要求。可见，小学教师的教育研究主要针对小学教育教学中的现实需要与问题，包括小学儿童、小学教育、小学教师等方面，目的是改进教育教学工作，促进儿童生命健康成长。支撑小学教师从事教育研究的能力主要有三点：一是能针对现实需要与问题，恰当选择研究议题；二是能进行研究设计，如研究问题的确定、收集资料的方法、分析资料的方法、分析的框架、研究的流程等；三是掌握基本的研究方法，如文献法、观察法、访谈法、教育实验法，尤其是“行动研究”“叙事探究”等。

（六）自我发展能力

教师的自我发展能力主要包括两方面。

一是有关教师职业与角色的能力。依据《专业标准》，小学教师应能理解小学教育工作的意义。从小学儿童的角度看，小学教师是小学儿童生命成长的促进者，能为他们生命成长提供有效能量；能认同小学教师的专业性和独特性，注重自身专业的发展；能具有良好的职业道德修养，为人师表；能具有团队合作精神，积极开展协作与交流；能制订专业发展规划，积极参加专业培训，不断提高自身的专业素质。

二是教师的自我理解能力。理解自己的个性；理解自己的状态，包括生活状态、身体状态、心理状态等；理解自己的追求。每个教师无论起点如何、状态如何、个性如何，都要明晰和坚持自己的追求。追求什么？最为重要的是追求做一个最好的自己，即追求成为优质的自己。

三、小学教师专业能力的特点

整合性是小学教师专业能力特点的集中体现。这是由小学教育的性质、小学教师的工作特点决定的。小学教师专业能力是为教书育人服务的，即小学教师专业能力的实质是教书育人的能力。教书育人的能力是一种综合能力，是小学教师多种专业能力的整合。具体而言，理解儿童的能力、德育能力、教学能力、管理能力、研究能力、自我发展能力六种能力的整合并用，是教师教书育人能力的体现。只有教师专业能力整合并用，才能帮助教师实现教书育人的使命。

从教学的角度看，不存在“没有教育性的教学”。教学的目的不是为了教书，而是为了育人。因而在教学设计、组织与实施教学、教学评价等各方面都必须将育人放在核心的位置上，如对随班就读的学生如何考核的问题。随班就读的学生与同班同学相比智力弱一些，他们的考试排名也永远是处于班级后面的。从一定意义上来讲，以学科教学为核心，这样的评价没有问题，因为考试有统一标准。但从生命的角度来看，这种评价方式就是有问题的。因为人是有先天差异的，教育必须尊重这种差异，并为随班就读学生的健康成长提供有效能量。这就要求教师必须综合运用专业知识，整合多种专业能力为其服务。

在教育教学中，小学教师专业能力的诸多方面不是“单摆浮搁”的，而是整合并用的。本着促进儿童生命健康成长的原则，小学教师在教学设计时要以儿童为本；在教学过程中要关注不同小学生的差异；在教学活动时要考虑小学生已有的知识、经验，提出问题或回答问题要适切；在评价学生时要以能促进儿童生命健康成长为基调等。这一切都不是教师某一种专业能力所能完成的，而是多种专业能力整合并用的结果。

此外，面对教育现场的突发事件，教师怎么处理？一般而言，教育现场突发事件分为两种。一种是硬性物质层面，如仪器设备的变化、故障等；另一种是软性层面，如小学生回答问题比较新颖和独特，超出了教师的想象等。对突发事件的恰当处理，很难是教师某一种专业能力所能做到的，而是教师的多种专业能力、学识涵养、人生经验共同作用的结果，是教师教育智慧的体现。

第四节　行动研究对小学教师专业发展意味着什么
——促进小学教师专业发展的重要载体

目前，影响小学教师专业发展的一个主要因素是缺乏对小学教育现实问题的研究。教育研究态度与能力存在的问题主要表现为：有愿望，但不知如何做；有畏难情绪，不想做；又要教学又要研究，没有时间做；“糨糊 + 剪刀”，不解决任何现实问题，没有实际意义，不值得做。分析其原因主要是，小学教师缺乏应有的系统学习、经历、方法、指导与习惯，所使用的研究方式方法远离他们的工作、生活、能力实际情况。因此寻找到适合小学教师进行教育研究的方法是非常重要的。

一、何谓行动研究

（一）行动研究的含义

“行动研究”(action research)一词，最早由美国社会心理学家勒温(Lewin)于1946

年提出。此后，国内外学者的看法或有不同，主要有两种理解。

一是强调行动研究概念偏重于行动研究能够增进实务工作的品质与成效。比如，凯米斯(Kemmis)与麦克·塔格特(Mc. Taggart)认为，行动研究是在社会情境中自我反省的一种形式，参与者为实务工作者，其目的在于促发社会的合理性与正义感，帮助研究者了解工作实务，使实务工作的实施能更有成效。英国学者埃利奥特(Elliott，1991)提出，行动研究是对社会情境的研究，是从改善社会情境中行动质量的角度来进行研究的一种研究取向。

二是强调行动研究对于实际问题的解决能力。例如，台湾学者陈伯章(1988)认为，行动研究是情境的参与者基于实际解决问题的需要，进行有系统的研究，以讲求实际解决问题的一种方法；蔡清田(2000)认为，行动研究是实务工作者所进行的研究。实务工作者在工作情境下，除了能对实际问题加以改善和解决，还能借由研究促进知识的增长和自我的提升。

所谓“行动研究”，是指由实务工作者将实际的工作情境和研究相结合，以改善实务动作为目的，采取批判、自省、质疑的研究精神，改进实务工作，并获得专业的成长和提升。若将上述行动研究含义融入教育情境中，所谓“教育行动研究”，则是在教育情境中，由教育实务工作者(通常指教师)进行的，以改善教育专业的实践为目的的，采取批判、自省、质疑的研究精神，借以实践其教育理想并获得专业的成长和提升的一种研究。①

另外，杨小微在《教育研究的理论与方法》一书中指出：教育行动研究，就是把行动研究的理念、方法和策略运用于教育研究领域的一种研究方法。“行动”和“研究”是行动研究的两个关键词。教育行动研究首先强调，作为教育实践者的教师要从发现教育实践中的问题出发，在实践中研究“实践”，改善“实践”，并通过“改善‘实践’”加深教师对自身实践环节的反思，提升自身的专业素养，甚至谋求自身的“解放”。②

可见，行动研究(下文中等同于“教育行动研究”)是指解决实际教育教学中具体问题的一种研究；从事研究的人通常指教育实践的教师；目的在于提高专业素养、改善专业实践并促进专业发展；而这样的研究者必须具备批判、自省、质疑的研究精神。

(二)行动研究的特点

从行动的定义中，我们可以看到教育行动研究有以下几个特征。

一是以实践为主要导向。新教师在工作两三年之后，就会形成某种“定势”，它使

① 潘慧玲. 教育研究的取径——概念与应用. 上海：华东师范大学出版社，2005：307

② 杨小微. 教育研究的理论与方法. 北京：北京师范大学出版社，2008：199

教师因循守旧，难以突破自我。通过教育行动研究，教师可以对自己程序化的教学方式进行挑战、质疑，然后通过反思性学习，形成新的信念体系及专业实践策略。

二是协同合作。教师要在教育行动研究中突破自己，获得广阔的视界，就必须通过协同合作的方式获得更多的信息和支持。教师要勇于走出“孤军奋战”的教学行为习惯，学会与他人协同合作，通过共同探究达到教育目的，实现教育理想。值得注意的是，协同合作包含着伦理意味，教育行动研究中的协同合作更强调所有参与者在民主、平等与自愿的基础上，平等沟通、开放自我、交互反省思考，共同分享知识经验，一起参与行动的设计与实施。

三是反省思考。反省思考是与教育行动研究相伴始终的一个重要特征，没有反省思考，也就没有教育行动研究。在教育实践中，反省思考主要是对自我及其他同事的教学实践的反思。反思也应该在民主、平等的协同合作中进行，以突破自我的狭隘性，反省思考的结果应该对实践发挥作用。教育行动研究的目的不在于追求客观理论的建构，而是通过自我批判以及辩证思考的过程，帮助个人从历史、文化、政治、经济、教育机构或其他社会机构的控制和影响中，或者从个人习惯、偏见与主观意识中“解放”出来，重新获得自由发展。①

可见，教育行动研究一定是在实践中进行的，是教师自觉解决教育教学实践中问题的过程；是教师与他人分享经验的过程；是教师反省思考和突破自我的过程。

知识卡　行动研究的三种取向

一是技术取向：主要目的是提升实务效能和效率，促使人员参与和了解，检验其他研究成果的可用性。关注重点是学习技术，获取经验，增进了解实务。行动本质是行动为应用技术的结果，用以了解理念。研究议题由促进者提出，而不是由参与者从实务角度考量。

二是实践取向：主要目的是改善实务，增进个人专业发展，促使个人独立慎思行动。关注重点是发挥个人的自主性和责任感。行动本质是行动以累积实用智慧和行动者的道德原则为立足点。研究议题由参与者提出，并由参与者从实务角度考量。

三是解放取向：主要目的是改善实务，提升实用专业智慧，培养个人的批判意识，解放习惯和力行实践。关注重点是实践人际平等沟通和自由、平等和正义等社会和政治理念。行动本质是行动以实用性判断和批判的互动为立足点。研究议题由参与者提出，并由参与者从实务角度考量。

——资料来源：潘慧玲．教育研究的取径——概念与应用．上海：华东师范大学出版社，2005：313

---

① 温忠麟．教育研究方法基础．北京：高等教育出版社，2009：230

二、行动研究对小学教师专业发展有何意义

在教育职场中，教师形成了自己的教育教学经验。对此，我们必须清楚，教师既有的教育教学经验，对其自身专业发展而言，既有利，也有弊，教师经验是一把“双刃剑”。如何帮助教师审视经验、改造经验，形成新经验？这是教师专业发展中的重要问题。从一定意义上讲，教师专业发展的过程就是教师教育教学经验不断改造、形成的过程。

那么，什么方式可以帮助教师改造经验呢？行动研究是有效方式之一。行动研究，给教师以思考的机会和权力，为教师提供反思经验，提供解放自我、提高自我的机会。通过行动研究，教师不断提高自身的专业敏感性，发现自己在实践中存在的问题，探索解决实践问题的方式方法，形成自己的教育教学特色与风格，提高自身的专业发展水平。行动研究的过程就是教师自身经验改造的过程。

（一）何谓经验

“经验”，从词源上看，《现代汉语词典》的界定：一是由实践得来的知识或技能；二是经历、体验。①

多尔在《后现代课程观》一书中明确指出，生命体具有内在的发生编码。存在于DNA（脱氧核糖核酸）之中的编码为未来的发展和经验提供指导。这意味着未来的经验和行为产生于现在的经验和行为，正如现在的经验和行为来自于过去一样。生活，实际上就是我们正在体验的现实，是由相互联系的经验组成的。② 也就是说，个体生命不间断的、持续进行的成长，是以过去的经验为底色、为材料，接纳、吸收或排斥流变的（当下）经历，走向未来。③

杜威认为，经验包含一个主动的因素和一个被动的因素，这两个因素以特有形式结合着。在主动方面，经验就是尝试；在被动方面，经验就是承受结果。我们对事物有所作为，然后它反过来对我们有所影响，这就是一种特殊的结合。经验的这两个方面的连接，可以测定经验的效果和价值。有了生长的积累，经验才具有生命力。④ 他还认为，经验的连续性原则意味着每一经验都对过去的经验有所吸取，同时

---

① 中国社会科学院语言研究所词典编辑室．现代汉语词典第6版．北京：商务印书馆，2012：683

② ［美］小威廉姆·E. 多尔．后现代课程观．王红宇，译．北京：教育科学出版社，2003：95

③ 刘慧．生命德育论．北京：人民教育出版社，2006：250

④ ［美］约翰·杜威．民主主义与教育．王承绪，译．北京：人民教育出版，2001：153～154

通过某种方式对那些随后而来的经验的特点予以更改。[①]

由此可见，经验是个体过去生活之网的结，在这些结中连接着丰富的“点”和“线”。这些结串成了一个人过去的底色，承载着他的现在和未来。经验具有连续性，已有的经验是未来经验和行为的延续。经验是实践的知识和技能，是人们通过亲身经历而获得的。经验意味着经历、体验，意味着尝试和结果的结合，意味着生长的力量。

那么，如何理解教师的专业经验呢？由上述内容可见，教师的专业经验是指教师通过其职业经历，运用专门知识和能力处理实际教育教学活动所获得的经验；这种专业经验本身蕴含着教师的教育观、学生观、课程观和教材观。专业经验把教师个人和职业结合在一起，是教师职业生涯的“网结”，是教师在教学情境中思考自身作为教师身份的方式。

(二)行动研究改造小学教师的经验

行动研究对小学教师专业发展的作用主要体现为“改造经验”。何谓改造？《现代汉语词典》中有两种解释：一是修改或变更原事物，使之适合需要；二是从根本上改变旧的、建立新的，使之适合新的形势和需要。[②] 以此推之，改造经验是对经验进行修改、变更和改变，使之适合需要，并形成新的经验。改造经验应朝着生命教育的方向发展。

行动研究为教师提供了改造经验的机会和可能。米尔斯在《教师行动研究指南》一书中指出，当教师通过行动研究对自己和学生有了新的理解时，他们便能够做出反思：一是决定哪些需要改变，哪些不需要改变；二是将先前的知识与新信息衔接起来；三是从经验中学习，哪怕是失败的经历；四是提出问题，并系统地找出答案。[③] 由此可见，在行动研究中，教师的经验改造“始于”理解，由理解引发反思，进而发现问题，寻找系统解决问题的答案。

行动研究的核心是行动，教师在行动中易于诱发理解，理解是悬置“前见”，是放弃“以自己为标准”，是“换位思考”。当教师通过行动研究对自己和学生有了新的理解时，他们就有力量“突破”自身固有经验的“限制”，重新检视经验。

在行动研究中，教师彼此分享专业经验，就是向经验学习。杜威认为，“从经验中学习”就是在我们对事物有所作为和我们所享有的快乐或所受的痛苦这一结果之

---

① ［美］小威廉姆·E. 多尔. 后现代课程观. 王红宇，译. 北京：教育科学出版社，2003：203

② 中国社会科学院语言研究所词典编辑室. 现代汉语词典第6版. 北京：商务印书馆，2012：416

③ ［美］杰夫·米尔斯. 教师行动研究指南. 王本陆，等，译. 重庆：重庆大学出版社，2010：12

间，建立前前后后的联结。在这种情况下，行动就变成了尝试，而承受的结果就变成了教训——发现事物之间的联结。① 在经验分享中，教师能够从多角度审视经验，并在分享中保持一种敏锐，可能发现经验不曾被发现的价值和意义，进而为问题的解决提供明智的选择。正如多尔所言，我们通过经验来做出明智的选择；不是做的经验，而是我们对所做的进行反思的经验；通过文化、语言和个人见解的透镜分析进行分析的经验。②

在行动研究的过程中，教师的诸多经验得到改造。那么，小学教师的经验改造表现在哪些方面呢？可以说，行动研究对教师经验的改造"无所不包"，但在此着重强调这样几个方面：改造专业发展经验、有关儿童的经验、有关儿童为本的经验和有关自身的生命经验。教师专业发展是有价值取向的，教师经验改造是有方向性要求的。杜威在《经验与教育》中指出，教育在经验中，由于经验和为着经验的一种发展过程。愈是明确地和真诚地坚持这种主张，对于教育是什么应有一些清楚的概念就愈加显得重要。③ 教育是什么？教育是培育人的活动，小学教育是为小学儿童生命健康成长提供有效能量的活动，小学教师专业发展的方向无疑是为了有利于儿童生命健康成长。这就意味着教师经验改造的方向必须从仅仅关注教学转向关注儿童生命健康成长，在实践探索中不断生成新的经验。

因此，行动研究为教师在行动中检视经验、在分享中审视经验、在探索中形成新经验提供了机会和可能。

三、小学教师如何做行动研究

(一)如何选题

教师在做行动研究时，首先是进行选题，选题包括两部分。④

一是寻找问题。行动研究的问题，通常是实际工作情境中所遭遇的问题，主要体现为"三个一"："一个兴趣"，如尝试某种想法、发展一个教学方法及以思虑更周详或更具经济效益的方式处理例行责任性的工作；"一个困难"，如要改善一个困境、解决一个问题或是改善缺失；"一个不明"的情况，通常始于课堂上的突发状况与无法解释的事件。

---

① ［美］约翰·杜威．民主主义与教育．王承绪，译．北京：人民教育出版社，2001：153～154
② ［美］小威廉姆·E. 多尔．后现代课程观．王红宇，译．北京：教育科学出版社，2003：186
③ ［美］约翰·杜威．我们怎样思维：经验与教育．姜文闵，译．北京：人民教育出版社，2005：250
④ 潘慧玲．教育研究的取径——概念与应用．上海：华东师范大学出版社，2005：325～326

二是厘清问题。它是指对问题予以界定，诊断其原因，并确定其范围。不但对问题予以缜密的解说，且须在问题界定的同时，对问题的本质有较清晰的认识。具体方法有：①与具批判性的朋友对话或寻求学者专家的帮助。②对话、书写，还可用图表、列清单与排序等方法理解问题情境。③问自己事情是否能不一样，是否能用另一种方式解释此情境。④这项研究和发展活动将影响哪些人？⑤需要向谁咨询以获得最大的成功概率？⑥有何社会政治决定因素和问题相关？此情境是如何发生的？在此情境中的事件、背景因素、个人的行动间有何关联？

知识卡　从好奇心到研究的主题和问题

1. 你想知道与你专业实践相联系的三件事是什么吗？

2. 作为一个热心、有责任感的教师，你所关心的三件事是什么？

3. 对于你的教学和专业工作，你遇到或预见的三个问题(或不满意的事情)是什么？现在，看看你都有些什么——看看你列出的九件事。

4. 还能想到更大的问题吗？你所列出的这些条目之间是否有相互联系在一起的？你能找到一个与你列出的每个好奇、关心和问题都相关的主题吗？你列出的条目中内在的观点是什么？每个条目中具有争议性的是什么？选一个有望成为研究课题的问题，然后对有关这个问题的内容进行自由写作。你可以集中在与这个可能的课题相关的你的想法、观点、经验和问题上。

5. 将第4条中的问题变成你(试验性地)将要调查的题目。提出1～3个你认为是这个题目的核心问题。限一页纸。对于所做的这些，你又注意到了什么？在写作过程中你是否发现了什么联系？现在你又有一个试验性研究主题和问题了。

6. 列出与你的研究领域相关的教学实践。询问你自己和你的同事，实践里有什么问题，这些问题基于什么样的假设？以下是用来构建假设的一些问题：①在活动中，关于学习发生的假设可能是什么呢？关于儿童是怎样学习的假设可能是什么？在该学习中，关于儿童的角色和责任的隐含假设是什么？在该教学中，关于教师的角色和责任的隐含假设是什么？②与整个教育相关的假设是什么？我们是否认为教育是使学生成为一个“更好”的或者“更有教养”的人呢？

——资料来源：[美]Joanne M. Arhar，Mary Louise Holly，Wendy C. Kasten. 教师行动研究：教师发现之旅．黄宇，陈晓霞，阎保华，等，译．北京：中国轻工业出版社，2002：98～99

(二)如何行动

教师在确定选题后，如何行动就成为关键了。那么，它是否有章法可循？勒温最早提出了行动研究的经典型步骤循环，即“计划—行动—观察—反省”。之后，虽有不同学者在此基础上不断进行调整和修改，但如何行动，其核心要素依然要回到勒温的步骤。随着教师对行动研究的认识和运用，这个模式体现着“变”与“不变”。“变”的是不同的研究者、研究对象、研究主题；而“不变”的是基本的研究，包括四个方面，即“计划—行动—观察—反省”。但这些方面不是一一对应描述的，在行动研究中，都是综合体现的。

梳理行动研究相关文献中涉及此主题的内容，主要概括为两方面。①

第一，制订一份行动研究计划。主要包括进一步澄清所要研究的问题及其焦点；准确说明为了改善教育情境所要改变或者修正的因素；陈述并说明行动研究的磋商协调声明；说明在行动中所需要的诸如物质资料、材料和设备的资源；说明获得相关信息的渠道，同时说明研究的伦理原则；列出比较清晰而有弹性的时间表，并根据研究进展表进行一定的修正。

第二，行动中的观察和反省。主要体现在资料收集和资料分析上。换言之，教师行动的过程就是围绕问题收集资料和分析资料的过程。前者包括阅读资料，以回忆所呈现的事件与经验；选择资料，区分重要与不重要资料、聚集相似资料，将复杂资料排序简化；呈现资料可用图表或线条方式；最后是解释资料及作结论，目的是解释符合研究情境的相关问题及建构一些实际理论。后者包括文件分析，如学生书写的作业、教师的文件资料及其他文件等；还有观察、访谈和问卷以及实习导师或其他同人的交互观察教学等。

下面用一个实例来说明行动研究的过程。②

1. 发现问题

教五年级自然课的王老师，发现在开学后两个月的学习中，学生的成绩一直不理想，于是想通过行动研究了解该问题的原因，并设法解决问题。

2. 分析并确定问题

针对这一问题，王老师搜集了有关课堂学习效率等方面的文献，了解到影响学生学习效果的多种因素，如学生的学习动机、教师的教学方法等。在此基础上，王老师请教了其他教师，发现学生对自然课的兴趣是学好自然的关键。由此可见，从很多因素中聚焦研究问题是行动研究的核心步骤。

3. 制订并实施研究计划

在查阅文献和分析问题的基础上，王老师决定发放问卷以了解学生的学习兴趣。

---

① 潘慧玲．教育研究的取径——概念与应用．上海：华东师范大学出版社，2005：327

② 陈伯璋．教育研究方法的新取向：质的研究方法．台北：台北南宏图书有限公司，1989：165～166

问卷显示，学生兴趣低落的原因主要在于上课缺乏实验、讨论环节，而且户外活动太少。这是在分析问题的具体成因，以便找到改进的方法。

4. 设计并实施行动方案

根据调查结果，王老师设计并推行了行动方案，即每周有两节实验课、一节讨论课，每两周有一次户外活动。

5. 评价行动方案

采用新办法一段时间以后，王老师再次进行了自然课测验，用以评估活动效果。

6. 修正行动方案并再次实施

如果评估证明，新方案取得了较好的效果，就继续实施这一方案。否则要分析问题的原因，以改进行动方案。

以上步骤看似简单，但操作过程中教师需要对自己的工作进行批判性反思，需要认真经历从方案设计、实施到评估的过程，而且这一过程要不断进行。

(三)行动研究应注意什么问题

一是要考虑行动的伦理性。这是做任何研究都要遵循的基本伦理原则，研究伦理是任何研究都要遵守的，而行动研究更需要强调这一点。有研究指出，教师行动研究的道德原则有：得到学生和家长的许可；保证私密性，要让学生和参与者知道他们的个人言论不会被随意公开；保证匿名；给参与者退出的权利；加强信任关系以及自我反思。①

二是要明晰行动的价值取向。例如，在日常的教育教学实践中，教师会形成某种“好”的教学方式。但是在行动研究中，教师需要进一步探究的是：这种教学方式“好”在哪里，这种好的教学方式是针对谁而言的，等等，这就涉及教师从事行动研究的价值取向。对小学教师而言，其工作的指向是为了促进儿童生命健康成长，这就要求小学教师在行动研究时，注重以此为标准来审视、明晰对小学儿童来说什么是适合的，什么是不适合的。

三是要明确教师行动研究不必向专业研究者看齐。行动研究既是教师的一种研究方式，同样也是教师的专业生活方式，有其自身特点。虽然教师要建立与专业研究者的联系，借助外力在行动研究中成长，但教师不是被专业研究者“牵着鼻子走”，二者是在互相支持、平等双赢的基础上展开对话，实现共同的专业发展的。

---

① [美]Joanne M. Arhar，Mary Louise Holly，Wendy C. Kasten. 教师行动研究：教师发现之旅．黄宇，陈晓霞，阎保华，等，译．北京：中国轻工业出版社，2002：143～144

第二章

课堂教学与有效学习研究——促进儿童生命健康成长的重要途径

第一节　课堂教学与有效学习研究有何得失

一、有效教学研究概述

有效教学是近年来国内外课堂教学研究的热门话题。为了宏观地了解国内近几年的研究状况，笔者在“中国知网”中，分别以“有效教学”“有效学习”“课堂教学”为主题进行搜索，时间设定为2010年至2015年，期刊来源类别设定为“核心期刊”和“中文社会科学引文索引(CSSCI)”，由此统计研究论文的数量并进行汇总。(见表2-1)

表2-1　有效教学研究论文统计表(篇)

主题	2010年	2011年	2012年	2013年	2014年	2015年	总计
有效教学	220	251	203	214	207	179	1274
有效学习	74	81	84	72	61	5	377
课堂教学	1725	1636	1612	1574	1899	1886	10332

由表2-1可以看出，从2010年到2015年，“课堂教学”的研究文献数量最多，“有效教学”的次之，“有效学习”的最少。

在“有效教学”的主题下，再按照“教学理念”“教学标准”“教学理论”“教学策略”“教学方法”“教学模式”“教学行为”“教学评价”“教学研究”进行分类检索(期刊来源未做设定)，可发现研究论文的数量并计算其总和。(见表2-2)

表2-2　有效教学研究论文的分类统计(篇)

分类	2010年	2011年	2012年	2013年	2014年	2015年	总计
教学理念	41	32	34	29	35	37	208
教学标准	13	15	16	16	20	10	90
教学理论	37	54	53	57	52	31	284
教学策略	55	47	44	40	49	40	275
教学方法	66	70	66	74	55	50	381
教学模式	35	45	32	53	41	39	245
教学行为	18	27	15	23	18	11	112
教学评价	32	36	43	28	37	34	210
教学研究	72	93	72	72	65	80	454
总计	369	419	375	392	372	332	2259

由表 2-2 可以看出，从 2010 年到 2015 年，在“有效教学”的主题下，关于“教学方法”和“教学理论”的文献比较多；而讨论“教学标准”和“教学行为”的文献比较少。如果将表 2-2 转换成饼图，如图 2-1 所示，可以直观地看出“有效教学”的各子主题的研究文献的分布和比重。

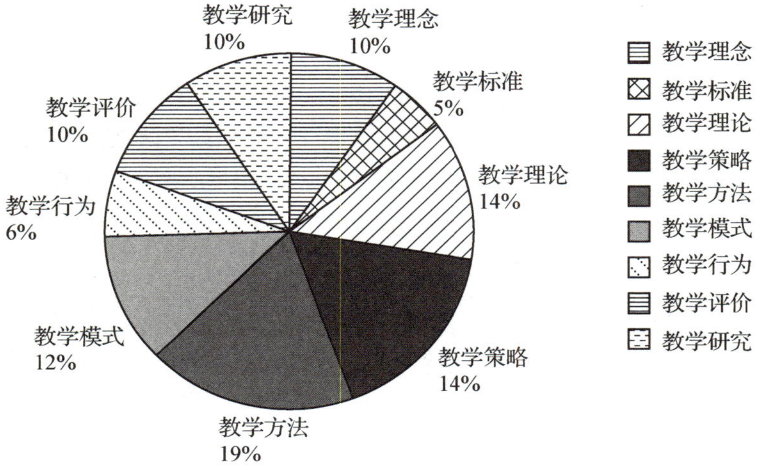

图 **2-1**　有效教学各子主题研究成果分布

二、研究取得的可喜成果

（一）课堂有效教学的内涵

关于课堂有效教学的内涵，不同的学者从不同的视角进行了诠释，表现为多种多样的形式。但其核心是相同的，那就是“有效教学是符合教学规律的，是‘有效果’‘有效率’‘有效益’的教学，有效教学关注教学目标的达成度，即学生在知识与技能、过程与方法、情感态度与价值观方面的和谐发展”①。

课堂有效教学要求教师在课堂教学中关注学生的内在需要和发展动向，采用科学有效的教学方法和策略，提高学生的学习效能，提升学生的能力，增强学生的情感。课堂有效教学要促进学生积极的情感体验，协调好未来社会对人才的需要与学生当前个性发展的需要之间的矛盾，通过课堂的有效教学更好地促进学生的全面、和谐、可持续发展。

① 蔡宝来，车伟艳．课堂有效教学：内涵、特征及构成要素．教育科学研究，2013(01)

知识卡　课堂有效教学的基本要求

教师要对教学工作充满热情，热爱教学工作，以认真的态度和积极的情感影响学生；

教师要知识渊博，善于将教学内容与学生的生活经验相联系，深入浅出地进行教学；

教师要讲授清晰，教学准备充分，合理组织教学，特别要突出重点和突破难点；

教师要关注学生，善于激发学生的学习兴趣，着重培养学生的终身学习能力；

教师要营造积极的课堂气氛，对学生形成积极的期望，善于与学生沟通和交流。

——资料来源：蔡宝来，车伟艳．课堂有效教学：内涵、特征及构成要素．教育科学研究，2013(01)，本书做了适当修改和补充

有效学习是学生基于自己的需要、理想与发展等目标而实现的学习，结果表现为知识的增长、技能的掌握、能力的发展、思维的提升、情感与体验的优化。因此，有效学习是课堂有效教学(狭义)的出发点和归属，有效学习是有效教学(狭义)的根本目的，有效教学(狭义)是有效学习的关键条件，有效教学(狭义)取决于学生的有效学习。① 鉴于此，教师要树立以下几种意识：树立“教”是为“学”服务的教学理念，以教促学；充分调动学生的主动性和积极性，变“要我学”为“我要学”；通过课堂组织形式的创新，实现教学相长、师生共进的双赢局面。

(二)课堂有效教学的实施

对于课堂有效教学的实施，目前比较有代表性的看法是：基于三维目标，实现学生的全面发展与和谐发展；② 促进课堂教学中师生的多项交流与有效互动，特别是要采用提问的技巧，利用启发性问题带动学生主动探究；精心选择学习内容，合理设计教学环节，特别是要选择挑战性内容，让学生探究和理解事物的关键性特征；为学生创造有效的学习环境，有效的学习环境应体现出公平性、互动性和安全性的特点，③ 这是对儿童生命健康成长的关注；重视学生的课堂学习体验，让学生在经历发展知识、形成能力、获得思想的过程中学习，处理好过程与结果的关系。

---

① 明庆华，谷木荣．有效学习是课堂有效教学的出发点和归属．中国教育学刊，2015(05)

② 蔡宝来，车伟艳．课堂有效教学：内涵、特征及构成要素．教育科学研究，2013(01)

③ 许华琼，胡中锋．对有效教学研究的研究．中小学管理，2011(09)

知识卡　有效的课堂环境

有效的课堂环境应体现出公平性、互动性和安全性的特点。公平性就是要以学生为主体，平等地对待每一个学生，不要给学生贴上“好学生”或“差学生”的标签，充分体现教育公平的理念。互动性主要表现为让学生与教师之间、学生与学生之间、学生与学习内容之间以及学生与环境之间有充分的互动。安全性则是给学生创设宽松、友好的学习环境，让学生畅所欲言、充分表现，允许学生冒险和犯错误，鼓励创新性观点，让每个学生都体验成功。

——许华琼，胡中锋．对有效教学研究的研究．中小学管理，2011(09)

（三）课堂有效教学的评价

如何评价课堂教学与学习的有效性，一直是困扰有效教学的大难题。目前关于课堂教学的评价也众说纷纭。有的学者从教师“教”的角度来研究教学活动的有效性，关注有效教授的特征和品质，关注教师的教学行为，以期揭示与教学活动有效性密切相关的教师特质和教学行为。也有学者从学生“学”的角度来研究教学活动的有效性，根据学生的学习过程和结果来判断教学活动的有效性。这些研究都取得了有价值的研究成果，在一定程度上转变了“单凭考试分数评价学生学习结果”的错误观念，对转变教学行为产生了积极的影响。

知识卡　课堂教学与有效学习评价的结构要素

小学课堂有效教学评价的建构需要从评价的视点出发，关照评价的价值选择，深度把握“教为学服务，学为生发展”的核心内涵，聚焦课堂有效教学所倡导的核心要素与重要环节，梳理出课堂教学评价需要关注的各个“有效点”，从而形成以下结构。

1. 课堂环境和谐

课堂有效教学要求课堂的物理环境和人文环境都对促进学生的学习具有支持性，要重视课堂的常规和程序、具体环境的安排、学生行为规范和要求的制度，以及民主、和谐、自由、安全的教学文化氛围的营造。

2. 目标设定合理

课堂有效教学要求以“为学生学习而教”的理念设计恰当的目标为落脚点，提倡以目标为导向展开教学，坚持基础性目标与发展性目标的协调统一，用教学目标引导学生全面发展；目标设计要符合学生的实际，目标要分层、具体、可察、可测。

3. 教学内容适切

课堂有效教学要求在围绕目标研究教学内容的基础上，为满足学生素质发展需求，准确定位教学，把握教学内容的整体结构，建立不同内容间的有机联系，努力将教学内容情境化、生活化，灵活使用教材，积极开发和利用学校资源。

4. 教学过程严实

课堂有效教学要求教学过程结构严谨、环环相扣。关注与课堂教学发生关联的全过程，通过优化学生参与、科学组织、启发引领、动态生成、精致讲练、即时评价等教学过程，有效展示学生学习知识的发生发展、思维训练、知识应用、认识和情感态度的过程。

5. 学习方式多元

课堂有效教学要求重视教学策略的优选、学习方式的变革，积极倡导体现自主、合作、探究精神与有意义“接受”相结合的有效学习方式。

6. 学习效果显著

课堂有效教学要求真正落实“以学论教”的理念，重点关注学生在课堂学习中的情绪、交往、思维、目标达成诸方面的表现，检视学生在知识的理解、生成、内化、活用中体现出认知、心智、情意、品质等可持续发展的综合素养，追求课堂文化价值的有效实现。

——资料来源：辜伟节．课堂有效教学：评价的视点及其建构．上海教育科研，2010(10)

(四)课堂有效教学行为

课堂有效教学行为是教师为实现有效教学目标所采用的一系列问题解决行为，是教师内在整体素质的外化形式。课堂教学行为直接表明了教师教学过程的有效性和教学质量的高低程度，直接标示着其教学水平与教学实践智慧，影响学生的学习行为与学习效果。①

对我国41所中小学2000多名教师的研究表明：中小学教师的有效教学行为存在着非常显著的性别差异，女性教师的有效教学行为水平高于男性教师；中小学教师的有效教学行为存在着显著的任教阶段差异，小学教师在除系统呈现教材以外的其他各个维度上的有效教学行为水平均高于初中教师；中小学教师的有效教学行为存在着极其显著的教龄差异，在从教前16年有效教学行为随着教龄的不断增长而提

① 罗生全．中小学教师有效教学行为调查研究．教育研究，2014(04)

高，在从教 16~20 年这一教龄阶段达到最高水平，在从教 20 年以后开始下降。[①]

知识卡　课堂十种有效教学行为

1. 在教学关系上，表现为：引导与帮助
2. 在师生关系上，表现为：尊重与赞赏
3. 在讲练策略上，表现为：精讲与精练
4. 在问题刺激上，表现为：创境与设疑
5. 在关注差异上，表现为：分层与异步
6. 在动态生成上，表现为：促进与应对
7. 在媒体运用上，表现为：整合与巧用
8. 在学习评价上，表现为：发展与开放
9. 在课堂管理上，表现为：反馈与调控
10. 在对待自我上，表现为：反思与改进

——资料来源：凤凰教育网 http://gzsx.fhedu.cn/Html/10/Menu/7/Article/1075/，2016-02-28

三、研究存在的突出问题

在看到“课堂教学与有效学习”研究的可喜成绩的同时，教师也应该冷静思考，全面审视，看到其背后隐藏的一些问题。

（一）有失偏颇

表 2-1 对研究文献的分析表明，“有效学习”的研究文献与“有效教学”的研究文献比例约为 1：3.5。这在一定程度上说明，当前的课堂有效教学研究的立足点重在教师，主要研究教师的教学策略、方法、原则、行为、模式等。其实，这种立足点有失偏颇。教学是为了学生的发展。因此，课堂有效教学的研究立足点应该更多地放在学生身上，研究学生有效学习的策略、方法、原则、行为、模式、心理机制、评价方式等。

如果有效教学的重心放在教师身上，教师容易成为课堂的主体，成为课堂的表演者，学生仅仅是观众。只有将有效教学的重心放在学生身上，学生才能有真正的收获，新课程倡导的学习方法才会取得实效。因此，需要重点研究的是，如何进行

---

① 罗生全．中小学教师有效教学行为调查研究．教育研究，2014(04)

教学，才能更好地促进学生学习，让学生获得知识与技能，发展智力与能力，提升情感态度与价值观。教师要牢记，课堂的真正精彩是学生的精彩。

知识卡　新的学习方式难以取得实效

新课程倡导的有效教学，意味着教学视点的变革与研究方法的转型，即意味着冲破旧的教学法研究的束缚，立足于新的教学研究视点。于是，传统讲授法由于在历次改革中备受指责而唯恐避之不及，代之以形式多样的自主学习、小组合作和探究活动等。为了表现和迎合课程改革所倡导的新理念，以免给人留下“落后”“保守”的把柄，教师往往采取各种“有效”的教学形式，着力打造“气氛热烈”“学生主动”“轻松活泼”的课堂氛围。但在课堂教学实践中，这种形式化的有效教学活动却是散漫的、随意的、肤浅的，甚至是舍本逐末的。

具体表现为：自主学习一盘散沙，学生很难获得有价值的学科知识、技能、情感体验乃至价值观的提升；探究学习有形无实，教师们费尽心思地设计各种话剧、游戏、表演和辩论等探究活动，唯独忽略了学生对知识的掌握、文本的理解、方法的应用、价值的领悟、情感的升华等，最终使语文课演变为表演课、数学课演变为活动课、英语课演变为话剧课。合作学习合而不作；缺乏主体的意愿、可分解的任务、共享的权利以及明确的分工和清晰的责任，在实施中成为垄断了学习任务的“小权威”和逃避学习任务的“游离者”的“不作为”之地。

——资料来源：冀蒙．试论有效教学的几个误区．教育理论与实践，2014(02)，本书做了较大修改

（二）重视不够

表 2-1 对研究文献的文析表明，“有效教学”的研究文献与“课堂教学”的研究文献比例约为 1∶8。这在一定程度上说明，目前的课堂教学研究成果主要集中在教学的经验总结与介绍上，很少涉及这些经验是否有效，即缺乏对课堂教学有效性的深层分析。由此可见，教师在教学过程中并没有完全注意到教学是否有效，也缺乏对有效性的考量。

对有效教学研究的重视不够，往往会使教师被时髦理论与方法的外在形式所误导，而忽略其内在的精神实质，这样，课堂教学在实践中就容易落入误区。比如，把桌子围在一起上课，就认为是在进行合作学习；认为讲授法是古老的教学方法，今天已无用武之地，在教学中不再采用；在课堂教学中，不时地留出一点时间，让学生同组之间、同桌之间相互说一说，聊一聊，认为这就是在进行有效的交流与倾听。

教师和教育研究者应该反思：热热闹闹的教学背后，学生是否有真正的发展和

长期的进步，而不是昙花一现的美丽和水中捞月的虚幻；学生天马行空的自我建构和畅所欲言的提问应答背后，教学效能和质量有无实质性的提升；追求形式多样丰富和充分调动学生兴趣的背后，是否只有感官的短暂刺激而没有对学生的收获与体验进行总结与提升。①

（三）内容局限

从研究范围来看，已有的课堂有效教学的研究还存在着比较大的局限性，突出表现在以下几个地方。

第一，将有效局限在效率层次上，用有效教学的时间与教学时间的比值，来对有效教学进行量化考核。这样会导致教师在有限的时间内，教授过多的内容，造成课堂容量的无限增大。

第二，重视对教学结果的片面化认识，忽视学生学习的经历、体验等过程。课堂教学沦落为静态的知识传授，教师忽视了对学生生命健康成长的关怀和对学生后续发展的准备。

第三，重视知识技能的传授，忽视学科育人的大目标。其结果是重视解题过程和考试分数，而忽视学科教学对学生思维的启迪、方法的引领、情感的陶冶和道德的发展。

知识卡　忽视育人的大目标

国外的数学教育更看重育人的大目标。例如，美国的数学教育目标是培养有数学素养的社会成员，其数学素养包括：懂得数学的价值、对自己的数学能力有信心、有解决问题的能力、学会数学交流和学会数学推理，强调社会对教育的要求。英国2000年的数学课程标准指出数学在学生教育上的重要性是：数学为学生理解和改变世界提供了一套独特而有力的工具，数学提供促使学生在精神、道德、社会和文化方面发展的机会。荷兰将数学课程目标确定为“获得性目标”，并将其分为跨学科目标、每个学科的一般性目标和具体课程目标三个目标层次，跨学科目标是总的发展目标。

比较而言，中国的教学大纲、课程标准虽然也重视育人的大目标，但仅仅在前言部分做比较简短的描述，而现实的教学实践几乎把全部的精力都集中于具体的知识和技能目标上，对数学教育给予学生的思想启迪、精神感悟、人格塑造等人的发展大目标关注甚微，具体目标与人的发展大目标之间的联系基本处于割裂状态。此外，我国的数学教学目标主要局限于数学学科知识的内部，范围比较狭窄；而以欧

---

① 冀蒙．试论有效教学的几个误区．教育理论与实践，2014(02)

美为代表的西方数学教学目标，则对与数学有联系的数学学科的外部范畴有更多的关注，范围比较宽泛。

——资料来源：涂荣豹，宋晓平．中国数学教学的若干特点．课程·教材·教法，2006(02)

第二节　课堂教学与有效学习研究要研究什么

案例指引 1　武汉 15 岁学霸女孩跳 18 楼身亡

2016 年 2 月的一个晚上，没有留下只言片语，15 岁的武汉九年级女生，从 18 楼家中跳下，鲜活的生命瞬间消逝。据了解，该女生学习成绩优异，去年期末考试不太理想，疑因心理压力大而走向极端。见到女儿跳楼身亡，母亲哭得晕了过去，父亲瘫坐在地上，直至凌晨才被劝走。

青春年华，早早凋零。每次看到这样的悲剧，难免扼腕痛惜。悲剧是值得反思的，但更应该反思的是，如何去避免悲剧。成绩是孩子头上的紧箍咒。也许，教师和家长要尽量淡化对成绩的过分追求，使孩子体会到学习新知识和创造的快乐，让孩子真正认识到，只要努力了，今后无论从事什么工作都有其价值，自己都不会留有遗憾。

教育的核心，除了知识的传授，更应该是人生观、世界观和价值观的引导。因此，课堂教学与有效学习应该包含知识的获得、能力的养成、学力的增加和生命的点化。同样，课堂教学与有效学习的研究，也应该包含这些内容。

一、生命健康成长

自由和幸福是人类生活追求的永恒主题。课堂教学与有效学习不能忽视人类生活的这一永恒主题，因此课堂教学与有效学习要关注生命的健康成长。这里的生命，泛指一切有生之命；生命教育，是道德教育的超越与提升，是为幸福与自由的人生奠基的教育。①

生命教育的旨意，在于教导人珍惜生命，开始幸福生涯，实现美好生活，丰富幸福人生，并发现生命的意义。人因为生命教育的熏陶，而变得有爱心和智能，自我功能提升，生活的兴致和质量提高，社会适应良好，从而有幸福成功的人生。教

---

① 肖川，陈黎明．生命教育：内涵与旨趣．湖南师范大学教育科学学报，2013(07)

育的重心应该是生命教育。学校所教授的内容，家庭所教导的待人接物，无一不是在使学生认识生命，发展潜能，缔造幸福的人生，开启生命的意义与价值。

生命健康教育的目标是：关注生命，认识生命的可贵，树立生命意识，从而能学会尊重，珍惜自己和他人的生命；理解生命，学会尊重，学会关爱，学会宽容，学会共同生活，有责任感；信赖生命，培养自信、乐观的心态，提高面对挫折和失败的心理承受能力；提升生命，理解自身的生命价值，挖掘每个生命的能量，不断认识自己，提高自己，学会生存，最终成为全面发展的人。

知识卡　生命教育的内涵

生命教育是有关生命和遵循生命的教育。有关生命的教育是指有关生命之真、生命之善、生命之美的教育。遵循生命的教育是以生命为基点来定位教育，即教育是为了生命，而不是生命为了教育；学校应为学生提供适合的教育，而不是将学生变成适合学校教育的学生；个体生命的成长过程是自身生命潜能不断实现的过程，个体生命的生长与发展是需要能量的，包括物质的和精神的，教育存在的意义就在于为个体生命的健康成长提供有效的精神能量；教育要以人的生命为基点，回到个体生命之中，关注个体生命的经历、经验、感受、体验与感悟，开发生命潜能，以生命教育生命。可以说，教育是为了生命的，生命是教育不可或缺的重要内容，教育应遵循生命、关爱生命。

——资料来源：刘慧．生命教育内涵解析．课程·教材·教法，2013(09)

二、有效教学方法

教学方法是为完成教学任务而采用的办法，包括教师“教”的方法和学生“学”的方法，是教师引导学生掌握知识技能、获得身心发展而共同活动的方法。教学方法，体现了特定的教育和教学的价值观念，它指向实现特定的教学目标要求。教学方法受到特定的教学内容、具体的教学组织形式的影响和制约。

从教师“教”的角度来讲，小学课堂教学常用的教学方法有讲授法、练习法、演示法、发现法、讨论法等。各种教学方法不是万金油，哪里都能用，一用就能灵。它们有各自的适用场合、操作程序和操作技巧，这正是课堂教学与有效学习研究需要研究的内容。

从学生“学”的角度来讲，常用的学习方法有自主学习、合作学习和探究学习。这些是新课程改革倡导的学习方法，也是学生学习能力的重要衡量指标。它们的适用场合、操作步骤、评价体系、优缺点等还有待比较深入的研究，这正是课堂教学与有效学习研究目前和今后一段时间研究的重点内容。

需要指出的是，小学教育是养成教育。所谓养成教育，就是培养学生良好行为习惯的教育。养成教育既包括正确行为的指导，又包括良好习惯的训练。良好的习惯包括语言习惯和思维习惯。习惯是养成教育的产物，它往往起源于看似不经意的小事，却蕴含了足以改变人类命运的巨大能量。养成教育的目的是培养成功的人格。因此，教学方法的选择，还需要考虑到养成教育的基本目标。

知识卡　养成教育的基本目标

第一，使学生逐步形成良好的学习习惯。帮助学生树立自主学习意识和正确的学习态度，养成良好的读书、思考、笔记、探究、预习、复习、听讲、作业、考试等习惯，掌握科学的学习方法，为适应未来的多元化学习打好基础。

第二，使学生逐步形成良好的为人处世的习惯。帮助学生树立现代公民责任意识，学会处理人与人、人与社会、人与自然的关系，养成诚实守信、结交益友，宽以待人、严于律己，自尊自爱、自强自信，勤俭节约，办事认真，乐观向上、抵抗挫折的良好品质。

第三，使学生逐步形成良好的文明行为习惯。帮助学生树立文明意识，通过对学生进行中华传统美德教育、社会公德教育和诚信教育，引导学生追求真善美，摒弃假恶丑。通过开展礼仪、礼貌、礼节活动，引导学生增强文明交往、礼貌待人意识，要求学生从小事做起，从身边的事做起，在学校过好每一天，净化心灵，纯化行为，提高学生的道德修养水平，实现“说文明话，办文明事，做文明人”的目标。

第四，使学生逐步形成良好的安全行为习惯。通过安全教育和安全教育行为管理活动，引导学生自觉养成遵守公共秩序，遵守交通法规，遵守科学实验、体育及体育竞技等特殊学科的操作规范的好习惯，引导学生远离毒品、远离赌场、远离色情诱惑，使学生人人都懂安全知识，都会自救自护，都有自我防范意识和能力，珍爱生命，享受生活，快乐每一天。

——资料来源：曾小平．教育教学知识与能力(小学教师资格考试)．北京：北京师范大学出版社，2013：16

三、学科教学特点

教体育和教数学可能会采取截然不同的方法和策略。在教学生前滚翻时，体育教师常常需要先做示范，然后让学生模仿演练。在教授“分数的初步认识”时，数学教师需要让学生建立几分之几的概念，让学生在头脑中想一想分大饼或者分苹果的情境，但教师往往不会真拿出大饼或者苹果来分。

导致这种教学差异的原因何在？因为所教的学科性质不同、所要培养的儿童的能力也不一样，所以教学方式和策略自然就不一样了①。从某种程度上说，学科教师或许比一名学科专家更需要知道所教学科的本质和特点，否则可能会采用不恰当的教学方法和策略，会影响学科教学的效果，甚至有可能进行违反学科本质与思想的课堂教学，那样也就谈不上学生的有效学习了。

鉴于此，《专业标准》特别指出，教师要“掌握所教学科的知识体系、基本思想与方法；了解所教学科与社会实践、少先队活动的联系；了解所教学科与其他学科的联系；掌握所教学科的课程标准和教学知识”，这样才有可能“创设适宜的教学情境，根据小学生的反应及时调整教学活动；调动小学生学习积极性，结合小学生已有的知识和经验激发学习兴趣；发挥小学生主体性，灵活运用启发式、探究式、讨论式、参与式等教学方式”。

知识卡　语文教学内容选择的狭隘与混乱

有效的教学内容是支撑有效教学的基本前提。然而，当前语文教师对语文教学内容的选择状况不容乐观。访谈调查显示，在阅读教学、写作教学以及口语交际教学中，语文教师投放精力最大的是阅读教学，写作教学次之，而口语交际教学几乎名存实亡。

对于阅读教学，84.9%的教师认为就是教课文，而对于教课文，许多教师认为教课文就是教课文的思想内容与艺术特色。把语文教学内容一味定格于阅读教学，而把阅读教学又局限于教课文，教课文又不分课文的类别与功能而眉毛胡子一把抓，这样的语文教学是很难真正有效的。

与此同时，对某一个特定的文本进行教学，不同语文教师对教学内容的选择又显得非常混乱。访谈调查显示，关于朱自清《背影》的教学，有的将其作为随笔的例子，有的将其作为抒情的例子，有的将其作为写人的例子，有的将其作为第一人称立足点的例子；有的注重学习文章读法和写作方法；有的进行伦理教育，进行爱的熏陶，等等，答案五花八门。

——资料来源：屠锦红．十年语文“有效教学”缺失问题检讨．教育学术月刊，2010(10)

第三节　如何进行课堂教学与有效学习研究

一、研究视角

要做好课堂教学与有效学习研究，研究视角是很重要的。它好比一个光源，照

① 曾小平．小学数学课程与教学论．北京：人民教育出版社，2015：10

射研究对象，使得研究对象被看见、被理解、被研究。研究视角使我们看到一些“没有理论就看不到”的东西，它能帮助我们预见和理解事实。无论是理论研究还是实证研究，都需要有研究视角。出色的研究往往隐含了独特的研究视角。一般来讲，课堂教学与有效学习研究的视角主要有三种，即理论视角、思维视角和批判视角。

(一)理论视角

理论视角，从某个“学科”或“学派”的角度去研究小学课堂教学与有效学习。面对同一个对象，不同的学科或者学派的视角往往会从这个对象中看到不同的问题或主题。面对同一个教育问题，不同的学科视角会提供不同的问题解决方案。比如，研究“分数乘法”的课堂教学与有效学习，数学视角的研究者往往关注分数乘法的算理和算法以及由此体现出的数学思想方法；教育视角的研究者往往关注国家教育目标、方针、政策在此内容中是如何体现的，即为什么小学阶段要教学分数乘法以及如何实现这个意义；心理视角的研究者往往更注意分数乘法属于什么类型的知识、学生在此之前学过哪些与此有关的知识、学生的学习需要经历哪些心理过程等问题。

案例指引 2　小数是特殊的分数吗

在一个小学数学教师的交流群里，有一个帖子，引发了不少小学教师的讨论。这个帖子是“课本上说小数是一种特殊的分数，既然小学已经系统学习了分数，将小数问题转化为分数问题来处理就行了，为什么还要学习小数呢?”教师们主要持有两种观点：一种观点是，小数是一种特殊的分数，在日常生活中有广泛的运用，系统学习一下是有必要的；另一种观点是，小数不是特殊的分数，它是独立于整数和分数之外的第三种数，它的意义和运算与整数和分数都有较大差异，因而需要专门学习。

小数是一种特殊的分数吗？笔者带着疑问查询了一些相关书籍，得到比较有代表性的答案是：人们为了应用上的方便，把十进分数改写成不带分母的形式，并且按照十进制的进位原则把个位右边的第 1 位、第 2 位、第 3 位……分别表示为十分位(计数单位是$\frac{1}{10}$)、百分位(计数单位是$\frac{1}{100}$)、千分位(计数单位是$\frac{1}{1000}$)……并在个位和十分位之间加一个标记“.”，这样十进分数就可以写成与整数相仿的形式。比如，$3\frac{24}{100}=3+\frac{2}{10}+\frac{4}{100}=3.24$。像 3.24 这样不带分母，按照十进制的位制原则写出来的十进分数叫作十进小数，简称小数。

同时，笔者还查阅了现行人教版、北师大版、苏教版和北京版的小学数学教科书。遗憾的是，这些教科书都没有明确给出小数的定义，而仅仅是一种描述性说明。

有意思的是，这些说明几乎相同，其中比较有代表性的是这样的：

首先给出一些具体的生活实例，把1米平均分成10份，一份是1分米，也就是$\frac{1}{10}$米，可以表示成0.1米，三份是3分米，也就是$\frac{3}{10}$米，可以表示成0.3米……把1米平均分成100份，一份是1厘米，也就是$\frac{1}{100}$米，可以表示成0.01米，三份是3厘米，也就是$\frac{3}{100}$米，可以表示成0.03米……

然后给出小数的描述性意义："分母是10、100、1000……的分数可以用小数表示。小数的计数单位是十分之一、百分之一、千分之一……分别写作0.1、0.01、0.001……相邻计数单位之间的进率是10。"

由此，我们似乎可以认为：小数就是不带分母的十进分数，小数是一种特殊的分数。现行课程标准和各版本的小学数学教科书也正基于此，在学习小数的意义之前，简单学习一下分数的意义。课标制定者和教科书编写者认为，有了分数的一般意义作为基础，学生似乎更容易理解小数的意义。

然而，情况果真如此吗？2011年5月，笔者听了一节四年级"小数的意义"的新授课，发现学生学习的实际情况并非如此。教师将一个纸条平均分成10份，取出一份，用分数表示是$\frac{1}{10}$，写成小数是0.1；取出两份，用分数表示是$\frac{2}{10}$，写成小数是0.2，学生很容易就认可了这一点。可当教师给学生一张空白纸片，让学生画出自己喜欢的小数时，问题就出现了。一些学生将纸片平均分成6份，选择一份涂上颜色，用分数表示是$\frac{1}{6}$，用小数表示还是0.1或者不写小数。笔者问了一个没有写小数的学生，他回答道："如果$\frac{1}{6}=0.1$，$\frac{1}{10}=0.1$，就会出现$\frac{1}{6}=\frac{1}{10}$，这与原来学过的'$\frac{1}{6}>\frac{1}{10}$'矛盾。"

这个案例在一定程度上说明，从分数入手认识小数，教学的效果并不理想。原因是多方面的，除了教师和学生方面的人为因素外，我们还需要思考知识本身的原因，即像课本上这样认识小数的意义是否恰当，是否符合数学逻辑，是否揭示了小数的真实意义。

不难发现，按照这种观点描述的仅仅是有限小数，仅仅是人们观念中的小数的一部分。除了有限小数外，还有很多无限小数（高等数学中还可以证明，无限小数的个数远远多于有限小数的个数），像0.333…、圆周率π等都是无限小数。$0.333\cdots=\frac{1}{3}$不是由十进分数改写的，而π是一个无理数，更不能用分数表示。

由此可见，小数并非一种特殊的分数。上述资料和教科书对小数的认识是存在缺陷的，这或许是导致学生学习小数时出现上述问题的原因之一。因此，为了让学生顺利地学习和更深刻地理解小数的意义，我们需要从数学的角度真正认识小数的意义，并由此科学地设计和实施“小数意义”的教学。

——资料来源：曾小平，韩龙淑．小数是特殊的分数吗——小数的意义与教学探究．教学月刊(小学数学)，2012(7－8)

(二)思维视角

思维视角是以分类或关系判断的思维形式去研究小学课堂教学与有效学习的。思维视角的作用在于为经验提供思维形式，并使经验事实因此而被认识。借用著名哲学家康德的说法，思维无经验则空，经验无思维则盲。思维视角主要用于事物的分类并分析事物之间的关系。从思维的视角来看，小学课堂教学与有效学习之间的关系主要有三种：异同关系、因果关系和对立统一关系。

异同关系通常通过“同一与差异”这个视角展开各种比较教育学形式的研究，既考察各种教学与学习材料、过程、理论、实践之间的差异，也考察差异背后的一致性。此外，异同关系还可以用来研究不稳定的教育对象中的统一性或一致性。以某个教学内容、教学方法在不同时期的差异为例，针对“阅读教学”这一主题，研究其在小学四、五、六三个年级有什么共同点、有什么差异，应该怎么具有针对性和阶段性地进行教学。

因果关系常常考察课堂教学与学习中，事物和现象的原因和结果之间的相关关系，即什么原因导致了现有的结果。从广阔的范围来讲，一切教育问题都可以从因果关系的视角进行研究，只是有些问题不那么容易查明其因果关系。此外，此处所说的相关关系也可以理解为一种比较“弱”的因果关系，往往显示为“互为因果”的关系。

对立统一关系是借用唯物辩证法的根本规律(对立面的统一和斗争的规律)，来揭示小学课堂教学与有效学习各个领域的任何事物都包含着内在的矛盾性，事物内部矛盾推动事物发展。比如，教师的“教”和学生的“学”就是两个矛盾的方面，过分强调教师的“教”，容易让课堂成为教师表演的舞台，学生参与少，教学的目的难以实现；过分强调学生的“学”，课堂容易陷入学生盲目摸索的境地，学生学习效率比较低。因此，教与学两者都不可缺少，只有处理好它们之间的一个度，才能促进两者效益的实现。

（三）批判视角

批判视角是指对课堂教学与有效学习中的新观点、新方法进行有效判断与选择。在课堂教学与有效学习领域，常常出现一些新理念、新方法和新材料。我们需要考查这些新内容是否有出现的必要、它们的内涵是什么、它们的适用范围是什么、在实践过程中存在哪些肤浅和无效的做法。

案例指引 3　合作学习重学习形式、轻学习内容

有些教师过于看重合作学习的形式，而忽视了合作学习的内容。这导致他们不管面对什么课程和教学任务，不管面对哪个年级的学生全都采用合作学习。他们过于讲求合作学习的形式，课堂热热闹闹，场面轰轰烈烈，但收效甚微。虽然很多学生会反映他们喜欢合作学习，但他们往往把合作学习当成一种消遣，因为与传统学习方式相比，合作学习毕竟要更为新鲜、轻松和活泼。形式只是外在的表现，内容才是实质。过多的形式会冲淡主题，不但达不到预期效果，反而会给人造成生搬硬凑、矫揉造作之感，还会向学生暗示“形式主义”和“表面文章”。

——资料来源：蒋波．试论合作学习的十大误区．教育导刊，2010(02)

二、研究方法

课堂教学与有效学习的有关研究方法很多，每种方法都有各自的优缺点和适用的范围。比较常用的有文献研究法、调查研究法、课堂观察法、课例研究法、教育叙事研究等，其中后面四种方法在教师的行动研究中常常被采用。本部分主要就前三种方法，结合与课堂教学与有效学习有关的研究进行讨论，后两种则将在第四章予以详细介绍。

（一）文献研究法

文献研究法是通过阅读有关图书、资料和文件等文献来全面地、正确地掌握所要研究的情况。文献研究法的步骤是：①收集与研究问题有关的文献，如图书、资料、文件、原始记录等；②从中选择重要的和确实可用的材料，分别按照适当顺序进行阅读；③详细阅读有关文献，边读、边摘录、边立大纲；④根据大纲，将所摘录材料分条组织起来；⑤分析研究材料并写成报告。

使用这一方法须注意：查阅的文献最好是第一手材料，如果是第二手材料，必须鉴别其真伪后才可选用；查阅文献之前，要有与研究问题有关的知识准备，否则难以从材料的分析中得出正确的结论。

案例指引4　小数的意义

阅读相关文献，回顾一下小数的历史，将有助于我们更好地认识小数的数学本质。

1. 小数的历史

在人类历史上，认识和使用小数比分数晚得多，最早认识小数的是我国魏晋时期的数学家刘徽。公元3世纪，他在《九章算术注》的《少广章》中的“开方术”中说：“微数无名者以为分子，其一退以十为母，其再退以百为母，退之弥下，其分弥细……”他的意思是说，“在开平方求无理根的近似值时，得到方根的整数值以后，继续依法开方求出微数”，这里的“微数”就是指小数。

按照刘徽的注解，设被开方数为 n，其平方根的整数部分为 a，剩余部分为 r，那么有 $\sqrt{n}=a\cdots r$。继续求微数，以 a_1 为第一个数字，就把它作为分子，以10做分母（“一退以十为母”），再求一次得到数字 a_2，把 a_2 作为分子，以100做分母（“再退以百为母”）。依次求下去，比如第 k 次开尽，这样得到的分数 $\frac{a_1}{10}+\frac{a_2}{10^2}+\cdots+\frac{a_k}{10^k}$ 即为开得的小数部分，进而 $\sqrt{n}=a.a_1a_2\cdots a_k$。

由于中国古代的计算依靠筹算来进行，所以小数只有文字表示。例如，用 $\overset{\mathrm{T}}{寸}=1$ 表示6.21寸。到了13世纪，元朝数学家刘瑾把小数部分降低一格，如将61.62表示为 $^{\perp}1_{\perp=}$，这是世界上最早的小数表示法。

1585年，比利时工程师斯蒂文（S. Stevin）出版了小册子《十进小数》，比较系统地阐述了小数理论，并创建了一种表示小数的方法。他用小圆圈把整数部分与小数部分隔开，小数部分后面画一个小圆圈，在小圆圈内标记小数的位数，如将23.86表示成 $23_{\Theta}8_{①}6_{②}$ 或者 $23^{\Theta}8^{①}6^{②}$。

小数点的记号，也经历了比较复杂的过程。1530年德国的数学家鲁尔多夫（C. Rudolff）用一根竖线将小数部分与整数部分隔开，比如他将23.86表示为23 | 86。1614年，英国数学家纳皮尔（J. Napier）用逗号将小数部分与整数部分分开，如23.86表示为23，86。1593年，德国数学家克拉维斯（C. Clavius）用“.”表示小数点，他是最早用小圆点表示小数点的人。

到19世纪末，小数的写法还有很多种形式，比如，2.5就可以写成2∟5、2’| 5、2·5、2˙5、$2_{\Delta}5$、$2,_{5}$、$2._{5}$等。现在，世界各国关于小数点的使用大体分为两派：欧洲大陆派，以德国、法国和俄罗斯等为代表，用逗号表示小数点，将小圆点作为乘法的符号；英美派，用小圆点表示小数点，将逗号用作分节号。我国对小数点的记法倾向于后者，用小圆点表示小数点。

2. 小数的意义

从刘徽发明小数的思想来看，是按照整数的计数原则，将小于1的数也用类似于整数的形式表达出来。对此，20世纪知名数学家柯朗(P. Courant)进行了更深刻的阐述："把一个单位区间分成10，然后100，1000等等个相等的线段，这样得到的点对应着十进位小数。……一个十进位小数f，如果在小数点之后还有n个数码，可以写成$f=z+a_1\times10^{-1}+a_2\times10^{-2}+\cdots+a_n\times10^{-n}$，这里$z$是一个整数，而$a_i$是表示十分之一、百分之一等等的数码——0、1、2、…、9"。

由此可见，小数的本质是整数的延续，都是十进制数。也就是说，以1为基本单位，向大小两个方向延伸得到整数和小数：单位1向大的方向延伸，10个1构成十，10个十构成百，10个百构成千……单位1向小的方向延伸，把1平均分成10份，一份就是0.1(相当于十分之一)，几份就是零点几，再把0.1平均分成10份，一份就是0.01(相当于百分之一)……所以，一个十进制整数或者小数$n_p\cdots n_2n_1n.n_1n_2\cdots n_q=n_p\times10^p+\cdots+n_2\times10^2+n_1\times10^1+n\times10^0+n_1\times10^{-1}+n_2\times10^{-2}+\cdots+n_q\times10^{-q}$(其中$n_i(i=0,1,2,\cdots)$为0~9这九个数字之一)。小数这一本质意义，正体现了小数的四则运算和整数的四则运算的高度相似性及整数与小数表示数目的直观性。

可见，小数并不是一种特殊的分数，主要表现在三个方面：第一，从本质上讲，小数是整数的延伸，是十进制数，而分数是两个整数相除不能整除时的商，可以直观地看作是表示平均分的份数；第二，小数和分数的四则运算差异很大，这一点读者不难理解，不再赘述；第三，小数直观性强，容易直接比较大小(如容易看出$0.56>0.486$)，而分数抽象程度高，不容易直接比较大小(如很难一眼看出$\frac{5}{13}$和$\frac{3}{7}$的大小)。

——资料来源：曾小平，韩龙淑．小数是特殊的分数吗——小数的意义与教学探究．教学月刊(小学数学)，2012(7－8)

(二)调查研究法

调查研究法是指研究者有计划地通过亲身接触和广泛了解(包括口头的或书面的，直接的或间接的)，比较充分地掌握有关教育实践的历史、现状和发展趋势，并在大量掌握第一手材料的基础上，进行分析综合，找出科学的结论，以指导以后的教育实践活动。调查研究法通常是在自然的过程中进行的，通过访问、发放问卷、开调查会、测验等方式去收集反映研究现象的材料。

调查研究法的步骤是：①准备，选定调查对象，确定调查范围，了解调查对象的基本情况，研究有关理论和资料，拟订调查计划、表格、问卷、谈话提纲等，规划调查的程序和方法，以及各种必要的安排；②按计划进行调查活动，通过各种手段收集材料，必要时可根据实际情况的变化，对计划做相应的调整，以保证调查工作的正常开展；③整理材料，包括分类、统计、分析、综合，并写出调查研究报告。

案例指引5　长方体体积的学情分析

北京市某优质学校五年级学生的素质很好。教师在进行“长方体体积”的教学之前，希望了解“学生已有的知识与能力”。

首先，问题分解。分析与五年级学生学习长方体体积关联比较紧密的三个问题：①长方体体积与长方体的哪些因素有关？②长方体体积与表面和表面积之间相关吗？③如何从体积单位出发寻求简单长方体的体积？解决了这三个问题，学生就比较容易发现长方体的体积公式了。

其次，编制问卷。就以上问题，编制如下问卷：

问题1　你认为长方体体积的大小与它的什么有直接关系？

测试目的：了解对于刚刚接触体积的学生而言，能否在从二维到三维的过渡中，正确区分表面积与体积，面积对体积的认识是否存在干扰。

问题2　如图2-2所示，下列长方体中哪个体积最大？为什么？

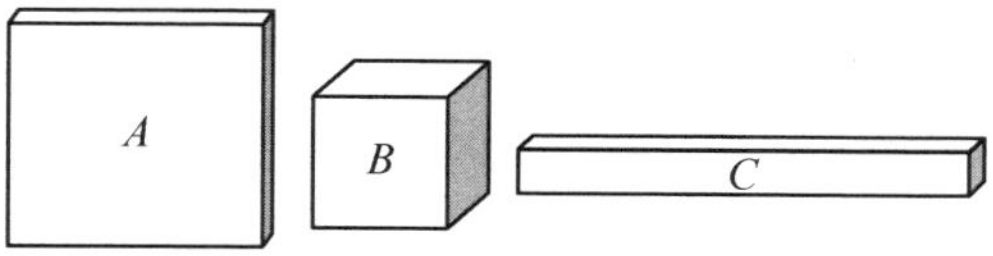

图2-2

测试目的：考查学生是否知道长方体体积的大小取决于它的长、宽、高。

问题3　如图2-3所示，你能用不同的方法得到这个长方体的体积吗？(单位：cm^3)

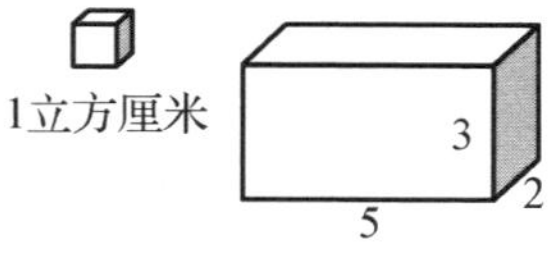

图2-3

测试目的：了解学生是否已经知道长方体体积的计算方法，是否能用不同方法得到长方体的体积。

再次，测试分析。对学生进行教学前测，被测学生为五(1)班的37名学生，测试结果如下：

问题1测试结果：认为与长方体的长、宽、高有关的有24人，占总人数的64.9%；认为与表面积有关的有9人，占总人数的24.3%；认为与底面积有关的有3人，占总人数的8.1%；不好说的有1人，占总人数的2.7%。

问题2测试结果：选B的30人，正确率为81.1%；选A的4人，占总人数的10.8%；选A和B的2人，占总人数的5.4%；选一样大的1人，占总人数的2.7%。

问题3测试结果：34人答对，正确率为91.9%；3人答错，占总人数的8.1%。正确做法如下：

方法一：将长方体分割成30个1立方厘米的小正方体。

方法二：直接利用公式，5×2×3＝30(立方厘米)。

方法三：用三个不同的面作底面，再乘以高，得到体积。

最后，得出结论。通过教学前测可以发现：

①学生容易将体积与表面积混淆。对于刚刚接触体积的学生而言，在从二维到三维的过渡中，还不能准确区分表面积与体积，面积对体积的认识存在干扰。

②学生并不理解体积公式是怎么来的。虽然许多学生已经知道了长方体的体积公式，但对公式的理解还比较肤浅，他们似乎只关心公式本身，而对公式的形成过程，对公式的内在含义的理解还很肤浅。

③学生不理解为什么长、宽、高共同决定体积。有的学生知道长方体体积与长方体长、宽、高三度中的某一度有关，但不太理解为何与三度均有关，更不太理解是三度的乘积，特别是对体积的立方增长方式知之甚少。

因此，“长方体体积(第一课时)”的教学，只有解决以上三个问题，才能让学生更好地理解长方体的体积公式，同时积累观察思考、实验验证、充分想象、推理解释、运用计算等数学活动经验，感悟数学推理与模型的基本思想。

——资料来源：曾小平，肖栋坡．小学数学课程与教学论．北京：北京师范大学出版社，2015：165～167，本书做了适当修改

(三)课堂观察法

课堂观察法就是指研究者或观察者带着明确的目的，凭借自身感官(眼、耳等)以及有关辅助工具(观察表、录音录像设备等)，直接或间接地从课堂情境中收集资料，并依据资料做相应研究的一种教育科学研究方法。比如，在一次数学课上，教师出示了一个问题：计算1＋2＋3＋4＋5的结果。一名学生很快很兴奋地举起了小手，站起来说：“得15。”教师问：“为什么得15啊?”这名学生无言以对，一脸茫然地坐下了。教师作为课堂的观察者，注意到这一现象之后，需要思考为什么学生回答不上来了呢，是学生不愿意说还是不想说，造成这个结局的原因在哪里，应该怎样解决这个问题，应该怎样避免类似问题重复出现等问题。

知识卡　“蜗牛的奖杯”课堂观察

1. 第一次教学

师：同学们，看着蜗牛背着重重的硬壳在地上慢慢地爬行，你们想说些什么呢？

生：蜗牛啊，你的翅膀退化了，以后再也飞不起来了。你永远都不可能夺冠军了，真可惜呀！

生：蜗牛啊，现在你的身体也被硬壳粘住了，连探个头都那么艰难，一点行动的自由都没有了，更不要说飞了，太可怜了！

师：(教师皱着眉头，不太满意)还有别的意思要表达吗?

生：蜗牛，我帮你用小石块砸破那硬壳，你就可以自由啦！

生：对！我们砸得轻一点，不会伤到你的！

(很多学生为这个主意叫好)

师：大家真聪明，真有爱心，蜗牛会很感动的！那你们还有别的话要说吗?

(学生举手寥寥，偶有发言，也仍囿于表示对蜗牛的同情这一意思。教师很失望，很无奈，继续进行下面的教学)

2. 教后谈话

观察者：提出这一具有开放性的问题，落脚点是什么呢?

教师：想让学生从蜗牛的蜕变过程中悟出些道理，但是最后他们就是答不到点子上。直接告诉他们吧，又难免有灌输之嫌。

观察者：那么，你在备课时估计过学生这方面的答案吗?

教师：(不好意思地笑着)没有。

观察者：建议你将期待学生悟出的道理总结一下，将学生可能的回答充分估计一下，再考虑如何引导学生接近或实现你预先的期待。

3. 第二次教学

师：(做蜗牛爬行状)同学们，看着蜗牛背着重重的硬壳在地上慢慢地爬行，你们想说些什么呢?

生：蜗牛啊，你的翅膀退化了，以后再也飞不起来了，也不可能夺冠军了，真可惜呀！

生：蜗牛啊，现在你的身体也被硬壳粘住了，连探个头都那么艰难，一点行动的自由都没有了，太可怜了！

师：(茫然而痛苦地)大家都同情我、可怜我，可我更想知道这是为什么呀。

生：蜗牛啊，你如果不整天把奖杯背在身上，晚上又睡在奖杯里的话，也不至于成为今天这个样子。

师：我不把奖杯背在身上，人家不知道我飞得多快呀！

生：自己有本事就行了，干吗要让人人都知道呢？这么骄傲，人家会讨厌你的。

生：再说，这冠军也只是在那次飞行比赛中产生的，下次就不一定是你！

师：哦，有道理。可是……我不睡在奖杯里的话，奖杯会被别人偷去的！

生：离开了奖杯，你还是飞行冠军呀！你把荣誉看得太重了。

师：哦，谢谢你们的劝告。唉，如果当初我把到处炫耀自己的时间用在练习爬行本领上，那该多好啊！

生：对。蜗牛，你现在就开始苦练爬行本领吧。祝你在爬行比赛中也夺冠！

师：（十分激动地）谢谢！谢谢同学们！我会吸取教训，振作精神的。

4. 教后再谈话

教师：没想到，提出同一个问题，会取得这样不同的效果。

观察者：能说说你对结果所做的预设吗？

教师：让学生从中悟出两个道理：成功时不要过于骄傲；不要把荣誉看得太重。

观察者：但是，学生不但知道了“胜不骄”，还懂得了“败不馁”。

教师：是啊，那是我没有预想到的。

观察者：此处生成别样精彩。那你对过程做过预设吗？

教师：当学生的发言局限于“同情”这一意思时，我要引导他们帮助蜗牛总结教训；当学生总结的教训停留于“不该成天背奖杯，晚上睡在奖杯里”这一层面时，我要引导他们将问题的根源查找到底。

观察者：教师反串蜗牛这一角色，不失为高明之举。这样可以通过对话及时调控探究的方向，也利于探究的深入进行。

教师：以前经常抱怨学生不够聪明，不会阅读，现在看来是教师的问题，备课只备教案不备学案。

观察者：对于一些开放性问题，尤其需要教师对探究过程、结果做好充分预设，这样才有可能在课堂上调控自如，才能真正体现教师“平等中的首席”地位。

5. 观察感悟

新课程呼唤生成的课堂，然而，不少教师简单地、机械地解读了“生成”，从而将“预设”完全摒弃。漫无边际的生成挤占了学生有效学习的时间，或许课堂热闹了，但表面的浮华终究掩盖不了实质的苍白，学生的语言得不到发展，人文素养得不到提高。

在学完《蜗牛的奖杯》后，假如学生仅仅收获了“蜗牛真可怜”的感受，那么，这样的阅读是肤浅的、片面的；如果学生心存“蜗牛的硬壳砸碎也能自由飞行”的侥幸心理，那么，这样的教学是错误的。因此，教师只有对课堂做好充分的预设，才能有足够的智慧应对自如，从而将课堂引向精彩。

回顾第二个教学片段，正因为教师对学生与蜗牛的对话做了充分估计，课堂上师生双方的对话才这般有效。教师以蜗牛的口吻稍做点化，学生就悟出了“胜不骄”的道理，最后还收获了“败不馁”这一未曾预设的精彩。

——资料来源：王志芳．让预设与生成和谐相生．小学语文教学，2004（10），本书做了适当修改

三、注意事项

要做好小学课堂教学与有效学习研究，涉及的条件和因素很多。除了前面论述的研究视角和研究方法外，我们还需要注意以下几个问题。

（一）关注学生发展的核心素养

核心素养是当前教育领域最受关注的热词之一。2016 年 2 月 29 日，“中国学生发展核心素养（征求意见稿）”出炉。该意见稿指出，学生发展核心素养，是指学生应具备的、能够适应终身发展和社会发展需要的必备品格和关键能力，综合表现为九大素养，具体为社会责任、国家认同、国际理解；人文底蕴、科学精神、审美情趣；身心健康、学会学习、实践创新。中国学生发展核心素养，已经成为当前教育改革的“关键”、新课标的“源头”、中高考评价的“核心”。①

核心素养将给小学课堂教学与有效学习带来很大变化，主要包括：育人导向，更加注重学生理想信念和核心素养的培养；课堂教学，更加关注课程建设综合化、主体化发展趋势；实践活动，更加关注学生学习体验、动手实践及创新意识的培养；课业负担，将会进一步减轻课业负担，课后作业形式及总量发生较大变化；学校课程，更加贴近学生的生活，未来将更加注重增加国家课程和地方课程的适应性。

（二）关注学生的生命健康成长

如前所述，关注学生的生命健康成长是小学课堂教学与有效学习研究的重要内容。由于某些观念的偏差，这一领域的研究还处于起步阶段，并没有形成有效的研究方法和产生有较大影响力的研究成果。为此，《专业标准》特别要求，教师要树立“以学生为本”的基本教育理念，尊重小学生权益，以小学生为主体，充分调动和发挥小学生的主动性。在课堂教学中，教师要遵循小学生身心发展特点和教育教学规律，提供适合的教育，促进小学生生动活泼学习、健康快乐成长。

在小学课堂教学中，教师要坚定不移地做到：关注、关爱小学生，重视小学生身心健康，将保护小学生生命安全放在首位；尊重小学生独立人格，维护小学生合法权益，平等对待每一位小学生；不讽刺、挖苦、歧视小学生，不体罚或变相体罚小学生；信任小学生，尊重个体差异，主动了解和满足有益于小学生身心发展的不同需求。

---

① 搜狐教育．“中国学生发展核心素养（征求意见稿）”出炉．http：//learning. sohu. com/20160229/n438854936. shtml，2016－03－05

知识卡 身心健康

“中国学生发展核心素养(征求意见稿)”中第八大素养“身心健康”主要阐述了学生生命健康成长的问题。身心健康，主要是个体在认识自我、发展身心、规划人生等方面的积极表现。该素养包括珍爱生命、健全人格和适性发展三个要素，具体内涵见表2-3。

表2-3 身心健康的内涵

要素	重点	具体内涵
珍爱生命	理解生命意义和人生价值	·具有安全意识与自我保护能力 ·掌握适合自身的运动方法和技能 ·养成健康的行为习惯和生活方式等
健全人格	能调节和管理自己的情绪	·有积极的心理品质，自信自爱，坚韧乐观 ·积极交往，有效互动，建立和维持良好的人际关系等
适性发展	能正确判断与评估自我	·依据自身个性和潜质选择适合的发展方向 ·有计划、高效地分配和使用时间与精力 ·具有达成目标的持续行动力等

(三)课堂教学为有效学习服务

课堂教学的出发点和最终归宿是学生的有效学习。因此，小学教师一定要牢固树立“课堂教学是为学生有效学习服务”的基本观点。为此，《专业标准》特别要求小学教师：课堂教学要树立“育人为本、德育为先”的理念，将小学生的知识学习、能力发展与品德养成结合起来，重视小学生的全面发展，引导小学生学会学习，养成良好的学习习惯。

知识卡 学会学习

“中国学生发展核心素养(征求意见稿)”中第七大素养“学会学习”主要阐述个体在学习态度、方式、方法、进程等方面的选择、评估与调控问题。该素养包括乐学善学、勤于反思和数字学习三个要素，具体内涵见表2-4。

表2-4 学会学习的内涵

要素	重点	具体内涵
乐学善学	积极的学习态度和浓厚的学习兴趣	·有良好的学习习惯 ·能自主学习，注重合作 ·具有终身学习的意识等
勤于反思	清楚地了解自己的学习状态	·能够根据不同情境和自身实际，选择合理有效的学习策略和方法
数字学习	具有信息意识	·有数字化生存能力 ·主动适应“互联网+”等社会信息化趋势

第三章

学习指导与学习评价研究——促进儿童生命健康成长的关键导向

我想象着有一天，
在不太遥远的未来，
评价不再被看作不悦和恐惧，
不再与教学和学习相分离，
不再被用于惩罚和限制进入重要的学习，
不再被看作个人的、神秘的仪式。
相反，
评价、教学与学习交织互动、相互促进、提高彼此，
评价不仅揭示学生所知和所能，
而且能捕捉新的学习如何发生，
能提供大量的不同形式和不同质量的作品，
以表明每个学生思维的深度、宽度和发展。
反过来，
这种丰富的信息，
又能被用于激发深层次的学习和教学。
——厄尔.《作为学习的评价——通过课堂评价实现最优化学习》

第一节 学习指导与学习评价存在哪些问题

一、学习指导与学习评价概述

(一)学习指导的内涵

关于学习指导，不同学者有不同的看法，但都有一致性。有效学习指导离不开有效学习，教师只有在学生有效学习的基础上才能够更好地进行指导。所谓有效学习，是指在教师的指导下，学生在学习活动中能够积极运用各种学习资源主动地学习，以最少的时间投入取得最佳的学习效果。有效学习包括学习过程的有效性和学习结果的有效性。有效学习，一是体现了学生对学习的渴望，“我想学”“我要学”；二是体现了学生学习过程中的“我能学”“我会学”；三是体现了学生学习结果具有较高的达成度，“我学会”了。①

① 王惠珍. 指导学生课堂有效学习的策略探讨. 湖北大学成人教育学院学报，2007(13)

学习指导要注重学生的个体差异，注重学生的发展，增强学生学习的主动性以及实践能力，让学生在体验的过程中得到更好的发展，使学生学到的知识可以和实践更好地结合，从而让学生更好地全面发展、个性发展。

知识卡　有效学习的内涵

1. 着眼于学习的进步和发展——关注学习效果
2. 着眼于学习的实践和应用——关注学习效用
3. 着眼于学习的时间和效益——关注学习效率

——资料来源：闫祯．有效学习指导．西安：陕西师范大学出版社总社有限公司，2013：177～178

（二）学习评价的内涵

有学者指出，在课堂教学中，要以学生为本，遵循学生发展性原则、学习有效性原则、学生全面性原则、开放性原则，进行课堂多元性、互动性、过程性、动态性评价，激励学生的学习热情，调动学生学习的积极性，引发学生的创新精神，培养学生的创新能力，提高一代人的整体素质。促进学生发展的课堂学习评价是一种学习过程激励性评价、形成性评价、定性与定量相结合的评价。[①] 因此，评价要以学生为本，时刻关注学生，让学生可以通过不同的评价方式学习到更多的知识、技能。例如，合作学习的学生可以在小组学习的过程中掌握更多的技能。教师评价学生不仅仅要关注内容上的准确性，更多的要关注学生在各个方面的全面发展。合作学习可以提升学生的组织能力，促进学生间的相互交流。教师要对学生在合作过程中的表情进行有效评价。

知识卡　学习评价的功能

1. 学习评价具有学习诊断功能

评价者可以通过学习评价，了解学生学习业已达到的水平以及学习中存在的问题。例如，学生对自己在学习过程中的表现是否能感到满意？是否能在困难面前不退缩，在失败面前不气馁？是否能感受到成功的快乐？学生在常识或者学科知识上的概念准备是否充足？学生了解到问题的本质特性了吗？学生在合作学习中能确切地向学习伙伴表达自己的想法吗？等等，不一而足。由此，评价者可以进一步分析造成学生学习不利（或有利）的原因，以确定进一步学习的对策和措施。

---

① 滕玉英．促进学生发展的课堂学习评价．［学位论文］．南京：南京师范大学，2004：11

2. 学习评价具有学习反馈调节功能

现代学习心理研究表明，学习者会根据外部反馈信息来调整自身的知识和动机信念以及学习过程，而且反馈能提高学习者的学习动机水平，积极的反馈更能提高其内部动机。学习评价所获得的结果可以提供学习过程中所需的信息。对这些信息的分析和及时反馈，可以帮助学生及时了解自身已有的知识和能力与目标的知识和能力之间的差距，了解自己学习的情绪状态，并通过教师的支持、组织和促进策略，调节和控制自己学习过程中的各个环节，不断提高学习效率，使学习活动进入良性循环。

3. 学习评价具有激励功能

心理学研究表明，当学生某种良好的行为出现之后，如能及时得到相应的认可，学生就会产生某种心理满足，形成愉悦的心境，并使同类行为继续向更高层次需要做出积极努力。

——资料来源：刘慧．小学课堂有效学习．北京：北京师范大学出版社，2015：37～40

二、存在的问题

学习指导和学习评价对于小学课堂具有积极的影响，但同时也存在着一些问题。

(一)教师对学习指导与学习评价重视程度不够

在小学阶段，学校、教师、家长注重的是学生的分数，参与活动的多少，往往被“不能输在起跑线上”的观点所误导。事实上，学校、教师、家长没有认识到在学习过程中的指导与评价才是最关键的，这就导致学生成长过程中缺乏导向性。

在小学课堂上，教师普遍认为教授学生知识，让学生学到并会运用就可以了。对于学生出现的问题，教师往往是按照自己的教案讲，没有针对学生的问题进行具体指导。在评价上，也只是简单地说“好”“不错”等。在学生学习过后，教师没有根据学生的情况进行分析，而是每节课都按照自己的教学设计进行讲授，没有根据学生学习的变化而提供必要的学习活动，这也反映出教师对于评价的重要性不是很清楚。在教学过程中，教师关注的是课堂的纪律，关注点在于学生是否按照教师的要求来做，而忽视了课堂应该教给学生什么、授课应该让学生学到什么。学习指导与学习评价正是让学生在课堂上学会学习的方法，可以促进学生的发展，让学生自主思考、自主学习。

育人为本，何谓“本”。“本”是关注学生自身，让每一个学生都得到尊重，得到关注。而事实上，学生只是在某一特长上得到了关注。例如，在美术学习上，画画好的学生，他的作品就会得到更多展览的机会；在音乐学习上，唱歌好的学生会被选到合唱团；在语文学习上，有朗读天赋的学生就有更多朗诵的机会。这也恰恰说明，对于更需要学习指导的学生，教师并没有多留意，而是把重心放在有特长的学生身上。久而久之，学生的特长就会变成专长，也会出现偏科的现象。所以，学习指导与学习评价要让学生自主参与到各种学习活动当中，随着学生认知的发展，让学生自主选择自己感兴趣的活动，从而调动学生的主观能动性，让学生有兴趣参与到学习活动中来。

知识卡　以学生发展为本的理念

在评价中要注意面向学生，把保证学生的发展作为课程开发与评价的前提；同时，在评价技术手段上要有利于学生全面素质的提高，如从注重习得能力的评价转向注重学习能力的评价，从注重学习效果的评价转向注重面向学生的现在和未来的评价，从注重学生单一学科的掌握转向注重跨学科知识的运用，从注重认知领域的评价转向注重认知领域和情意领域的综合评价。

——资料来源：刘岗．数学学习评价策略研究．博士学位论文，2007：6

(二)教师在学习指导上的偏颇认识

1. 过度创设情境

教师在进行学习指导的过程中，往往会过度创设情境，只是单纯地注重营造气氛，让学生感同身受，却忽视了情境的深度，创设的情境不能满足学生的需求。如果要让情境真正达到教学目的，就需要教师深入理解教学目标，了解教学内容，并结合学生的学习特点，创设有意义的情境，让学生进行有意义的活动。这样学生才会在学习的过程中得到有效的指导，才能更好地学习。

2. 营造“热闹”的氛围

在课堂上还会有一种现象，就是课堂看起来很“热闹”，而实际上，有的学生并没有真正参与到课堂中来。在有些教师的课上，学生会大喊“老师，我来回答”“老师，叫我”等；在自主学习的时候学生也会喊教师，让教师看看这、看看那。学生在享受着自己对于课堂的理解，看似很热闹，其实是过于“热闹”。在这种课堂上，学生的提问比较多，但是学习效果却不好。这种量变却不能达到质变的现象是没有成效的。在这热闹的气氛中，有些学生可能一节课下来也没有展示自己的机会，因为教师往往会更多地关注提问的学生。所以，教师要营造和谐的氛围，关注所有的学生。

3. 合作过于形式化

教师有时会采用多种形式来帮助学生进行学习。合作学习往往是教师选择最多的形式之一。教师任意分组，把任务布置下去，学生就开始合作学习，最后进行小组汇报。很有可能有些组只有1～2名学生对教师布置的任务真正进行了学习，其他学生并没有真正参与到学习中来，教师也没有进行有效的指导。在汇报的时候也只是1～2名学生，其他小组成员并不能补充说出什么。如果在小组学习遇到困难时，教师没有正确引导，也没有帮助学生解决，那么学生的学习动力就会慢慢减弱。一节课下来学生学到的到底是什么？流于形式化的合作学习，使学生不能真正学到知识，也无法在合作中提升交流等能力。

4. 过度探究

探究式学习是要根据所授课程的特点有选择地运用，并不是所有科目、所有课程都可以运用。现在的课堂上，有时教师会创设好情境，吸引学生的注意力，调动学生的积极性，紧接着让学生思考，探究学习。但这样，有些知识点其实教师一句话就可以讲明白，却被弄得很复杂。有些知识点很容易，但学生却花很长时间进行探究。我们提倡探究学习，但要分科目、分内容，不是每一个知识点都需要探究，也不是只有这一种学习方式。

（三）教师在学习评价上的偏颇认识

1. 评价方式过于雷同

教师采用的评价方式往往是类似的，不能针对每个学生进行有效评价。这可能就会给学生带来一些误区，让学生感觉到："我"的回答是真的正确吗？尤其是同一个问题两名或多名学生回答后，教师还只是用"很好"这种单一的评价方式，就会让学生对自己的回答感到很模糊。教师注重学习结果，从而忽视评价内容，也就导致评价方式的单一。在课上，有时教师讲到最精彩的地方，会把自己知道的知识全部告诉学生，从而忽视了让学生表达想法的机会。有些教师会让学生课下完成相关作业，但学生交上来后，教师只是看一下，写个"好"字或者盖一个小奖章，学生并不知道自己的作业完成得怎么样，时间久了，学生完成作业的积极性就会慢慢减退。

2. 评价语不清晰

教师对每名学生的评价都是一样的，对于学生回答的正确性模棱两可，甚至有些教师本身都不确定学生的回答是否正确。教师不要一味地追求学生回答的对与错。例如，在小学数学课上，对于一道题，教师可能会更多关注"你答对了吗?"。事实上当学生站起来回答后被告知回答错了的时候，他们往往下次不敢再举手发言。教师要注重学生学习的过程，引导学生多思考、多问为什么；要让学生在发言的过程中得到教师清晰的指导，使学生知道自己下一步应该如何思考，学会一种思考问题的方式。

3. 盲目鼓励

赏识教育，作为一种教育思想，对于培养学生的自信心和创新思维能力具有重要意义。① 所以，我们提倡要鼓励学生、肯定学生。然而，教师在对学生进行评价时，经常是鼓励学生多发言、大胆表述自己的观点，但却忽略了对于知识层面的评价。这在一定程度上调动了学生学习的积极性，但在课堂观察时，我们会发现，有些鼓励的形式化很严重，有些鼓励、表扬过于夸张，有些用语则过于频繁。尤其是在一些公开课上，教师会说“你回答得很好！”“你真聪明！”等。这一方面肯定了学生，但另一方面也削减了学生对自我能力的认知。例如，教师对书上的内容进行提问，学生只要看了书就可以回答出来，这时教师请学生回答并且说“回答的很对”。这种表扬对于学生来说真的就起到作用了吗？因此，不管是鼓励还是表扬，都要结合学生的实际情况，不要泛泛而说。

知识卡

在传统教学的长期影响下，教师往往根据自己长期在教学中形成的习惯和经验来进行课堂评价。这种习惯和经验往往建立在教师学科知识和学科教学知识的基础上，是长期积累的结果，多数处于自发状态和无意识的水平。此外，受传统教学观念的影响，教师在课堂教学中，只关注“教”，不关注“学”；只关注课的预设，不关注课的生成。具体而言，教师只关注本节课的教学任务是否能在规定的时间内达成，教学的流程是否顺畅，教学环节是否完整；而基本上很少关注通过何种方式，在哪些教学环节，在什么时候去检查学生学习的进程或学习的程度。没有引出学习证据的意识，或者引出学习证据的意识模糊不清所带来的直接危害就是不能选择正确的评价方法、设计正确的评价任务，为收集准确可靠的学习证据做好准备。

——资料来源：赵士果．促进学习的课堂评价研究．博士学位论文，2013：4

（四）学习指导和学习评价体系尚未建立

目前，实际的教学中还没有一个完善的体系来引导教师在学习指导和学习评价中的指向，教师不清楚自己如何才能更好地进行学习指导，不明白自己该如何指导、指导什么；在指导的过程中要依据哪些标准，对于教师来说这些标准是否好操作。

---

① 滕玉英．促进学生发展的课堂学习评价．[学位论文]．南京：南京师范大学，2004：11

教师有时会过度地把知识都教给学生，而不是帮助、指导学生进行学习。在指导的过程中，教师会依据自己之前的授课经验，盲目地进行所谓的“指导”，效果却适得其反。学生不清楚为什么，也不知道接下来该如何做。而在学习评价中，教师对于评价的认识不清晰，有时想面面俱到，却很难在所有评价中得到成效。在课堂上，有些教师没有意识到自己用的是什么评价方式，有的只是简单的一句话，有的则是一个动作。因此，教师不清楚学习评价到底会在学生的学习过程中起到什么作用，也就不知道如何有效地进行评价。有些教师虽然知道自己在教学过程中应该注重学生的发展，给予学生机会，让学生通过自己的合理指导和有效评价，掌握学习的方法，提高学习的效率。但事实上，对于理念理解得不清晰，导致理念与实践出现一定的偏差。有时问到教师评价的最好方式是什么，教师会认为让学生探究是最好的方式。但对于应该如何让学生探究，教师却回答不出来或者只能敷衍几句。教师在平时的教学中，也会采用档案袋评价等方式，但却不知道其真正的价值在哪里，不知道这样对自己的教学有什么影响，更多的则是对学校、家长的一种交代：让学校知道自己在学校期间做了什么，告诉家长他们的孩子在学校的表现是怎样的等。

由此可见，学习指导与学习评价并没有深入小学课堂当中，形式化的指导与评价使教师无从下手。教师知道自己应该关注每个学生，更多地关注学生的发展，从指导与评价的方式和内容上都要有所改进，但是教师不知道如何在适当的时候使用评价方式，合理指导学生。

第二节 学习指导与学习评价研究要研究什么

小学课堂中存在着学习指导与学习评价方面的问题，原因众多。要解决这些问题，有效的策略之一就是对小学课堂的学习指导与学习评价进行深入的研究。

为了进一步了解学习指导与学习评价的研究现状，基于第二章提到的有效教学的数据，笔者在“中国知网”中，分别以“学习指导”“学习评价”为主题进行搜索，时间设定为2010年到2015年，期刊来源类别设定为核心期刊，学科设定为初等教育，由此来统计研究论文的数量并进行汇总。由表3-1可以看出，关于“学习指导”“学习评价”的研究还有很大的空间。那么，在这些方面可以研究什么呢？

表3-1 “学习指导”“学习评价”的研究论文统计表(篇)

主题	2010年	2011年	2012年	2013年	2014年	2015年	总计
学习指导	3	0	2	2	1	1	9
学习评价	2	6	4	5	6	4	27

一、学习指导内容的研究

指导学生进行有效学习，是教师在教学过程中的重要任务之一。如何在教学过程中有效地指导学生学习，让学生在有限的时间内有效地掌握更多的知识，需要教师掌握指导方法，把握授课内容，掌握活动形式，让学生感受到学习的乐趣。有效学习的目的是花更少的时间，学到的更多、更牢、更好，用正确的学习方式得到事半功倍的学习效果。① 作为教师，要研究和关注学生学得怎么样，学到了什么样的程度，在学习过程中有没有感受到学习的趣味性，是否真正学到了相关知识和技能。

（一）在备课中研究学生的学习

任何一个知识点，都需要教师认真、合理地备课。备课，备的是如何使知识点更容易被学生接受，根据学生的特点采用适合的教学方式，让学生喜欢学习。作为教师，首先，要了解学生现有的认知水平、知识储备。对于新知识的学习，学生的状态将会影响学习的结果。其次，要让学生进行自主学习，对于相关的知识点，要进行有效的预习，有一定的了解。最后，针对课上可能出现的问题，教师要有恰当的解决措施。对于学生理解不正确的地方，教师要及时指出并正确引导，使学生在以后的学习中可以正确把握学习的方向。教师要清楚，学生积极参与学习的时间多少，对他们的学习成绩影响巨大。用于学习的时间多少取决于教师的教学能力与安排技巧以及学校行政确定的重点。② 所以，教师要熟悉自己的授课内容，合理安排学生的活动时间，不要利用课上的时间去做一些无关紧要的事情，要把更多的时间放在让学生高效自主地学习上。

知识卡　备课

备课作为教师上课前的准备活动，应当是一个个性化的活动，并没有统一的模式。备课永远不会有最好的模式，每一位教师都可以创造出最适合自己以及自己学生的备课方式。从某种意义上说，这也是“教无定法”的一种体现。“变教为学”的教学，从知识安排的角度来说，强调突出本质和实现关联。所谓“突出本质”，就是明晰知识属性，由此可以确定学生学习的过程与方法。“实现关联”的一个重要方面是

---

① 闫祯．有效学习指导．西安：陕西师范大学出版社总社有限公司，2013：175

② ［美］威·杰·贝纳特．有效地指导儿童学习．柴崇茵，洪游，译．上海：上海教育出版社，1989：29

把“新”内容与学生已经熟悉的内容联系起来，实现“化未知为已知”。为此，备课中需要思考和研究的一个重要问题就是辨别“新”知识。

——资料来源：郜舒竹．“变教为学”再说备课．数学月刊小学版，2014(05)

（二）研究学生如何进行有意义的学习

学生在主动接受学习的过程中，要知道自己学到的知识有用，能够应用到生活中去。换言之，学和学会就是进行有意义学习的一个前提。学是指学生学习的过程，学会则是指教师用某种方式让学生明白某些道理以及应用的原则。所以，有意义的学习是一种持续性的学习。教师既要重视学习的过程，又要加强对学生学习的指导，并且运用恰当的方法，让学生可以在教师的有效指导下高效地完成学习任务，用最少的时间得到最大的学习成果。学习决不仅仅是知道某一个字念什么、会计算某一道应用题、会唱某一首歌这么简单，它还包含着知识与技能，过程与方法，情感、态度和价值观。

1. 提高学生自主学习的能力

自主学习可以让学生主动思考，是指学生在教师的指导和引导下进行的学习。学生可以自主选择学习内容，调整自己的学习时间和学习过程，并结合自身的实际情况选择适当的学习方式，通过自己的努力达到学习目的，从而形成自主学习的能力。

2. 加强学生合作学习的能力

合作不仅仅是为了交流，更重要的是可以让学生通过与同伴的交流学到一种学习的方法。教师要指导学生有效地进行合作学习；在合作的过程中让学生相互信任，相互支持，促使小组成员和睦相处；让学生知道小组成员要对彼此负责，要共同解决问题并完成学习任务。学生在合作学习中遇到困难时，教师要给予一定的指导，积极引导和启发学生，帮助学生解决问题，并传授相关的合作技巧。

3. 培养学生独立思考的能力

每个学生都需要独立思考，可以思考问题，也可以思考学过的内容。教师在课堂上要给予学生充分的思考时间。对于学生提出的问题，教师要引导学生进行再思考，和旧知识相联系，在大脑中进行再构建，从而得出最终的结果。

知识卡　教师：有意义学习的帮助者和促进者

建构主义提倡在教师指导下的、以学习者为中心的学习。教师是意义建构的帮助者和促进者，而不是知识的传授者和灌输者。

教师要成为学生建构意义的帮助者、有意义学习的组织者和促进者，就要在教学过程中发挥主导作用。

第一，激发学生的学习兴趣，帮助学生形成学习动机。

第二，创设符合教学要求的情境，提示新旧知识之间联系的线索，帮助学生建构当前所学知识的意义。

第三，在可能的条件下组织协作学习，并对协作过程进行引导，使之有利于把握意义建构的发展方向。

——资料来源：胡冬苟．语文阅读教学中的有意义学习研究．硕士学位论文，2004：9

（三）研究根据年龄段的特点优化学习内容

低年级学生爱动、爱模仿，对教师的依赖性比较强，上课很难专心。教师可以多创设一些情境让学生积极地参与进来，提高学生学习的兴趣，让学生可以专注于做一件事。由于低年级学生自主能力比较差，教师在教授的时候要让学生多说、多看、多读，引导学生进行有效学习，并且让学生大胆展示自己。例如，在美术课《小花猫在睡觉》一课中，教师会让学生把自己当成小花猫，随着教师创设的情境，让学生模仿小花猫的动作，如睡觉、喝水、吃鱼等，使学生身临其境。在最后的创作环节中学生就会根据自己的模仿画出生动的小花猫来。

中年级学生的思维能力比较强，有自己的兴趣点。教师要让学生多讨论，并且敢于提出问题。教师不要一味地照本宣科，要让学生多一些交流，多一些讨论，大胆表述自己的观点。例如，在三年级美术课《画恐龙》一课中，学生对恐龙是比较了解的。在画的时候，教师不仅仅是强调要画哪一种恐龙，更重要的是让学生了解每种恐龙的习性，去想它们的习性和它们的特点之间有什么联系，这样学生在画的时候就会更加清楚自己画的恐龙有怎样的特点。

高年级学生思维能力和自主学习能力都比较强。教师要引导学生关注知识的联系性。每学到一个新的知识，它与之前学习到的知识和之后即将涉及的知识都是有联系的。例如，在数学课的复习课中，教师更多的是需要让学生用多种方式，把旧知识联系起来，而不是按照课本再继续讲一遍。这样学生通过复习，就会掌握多种思考问题的方法并解决问题。教师在此过程中要指导学生进行有效复习，要保证知识的准确性。

二、学习指导方法和途径的研究

（一）研究如何指导学生在情境中进行有效学习

案例指引 1

上海师范大学美术学院王小青老师在给小学六年级学生上《让世界名画站起来》这一课时，先让学生找自己喜爱的世界名画，然后让学生对世界名画进行再创造，制成泥塑，晾干磨光，再用水粉颜料上色，最后涂上清漆保护。学生们的作品鲜艳光亮，非常可爱。在上《自己的漫画塑像》这一课时，王老师让学生分成小组，以小组为单位设计一个有情节的活动，再分别设计自己的动作和服装，做出漫画肖像，最后摆到一起，形成一组有趣的活动形象。

——资料来源：陶旭泉．中小学美术有效教学．北京：北京师范大学出版社，2015：203

教师要给学生创设适合的情境，从情境中唤起学生对生活的热爱，这样才可以更好地调动学生学习的积极性。

1. 动之以情、感之以境

情境中的情，反映的是一个有情感的人内心的一种感受；情境中的境，则是一个使情感再体验的纽带。在特定的环境中，学生会根据自己的想法，选择参与各种活动。教师要结合学生的认知特点，选择合适的情境，指导学生进行有效学习。小学低年级学生容易被情境所感染，但凡他们经历的有意思的事情，他们都会全身心地投入其中。学习也不例外。尤其在美术学习中，学生最想表现的就是自己亲身经历的事情、自己最熟悉的事物。所以，当教师在课堂上给学生创设一个贴近生活的场景，把课本上的内容转换成一个情境时，学生在学习的时候就会有热情、有兴趣。

2. 合理创设、正确引导

情境需要根据授课内容的特点进行合理设置，需要根据教学的重点、难点进行安排。教师要有选择性地选择一些内容来创设情境，而不是盲目地创设。创设情境的目的是调动学生学习的积极性，而不是只让学生“哈哈大笑”。教师可以告诉学生本节课的环节设置、时间安排，让学生对学习内容有大致的认识。例如，在一年级美术课《汽车的联想》一课中，教师告诉学生接下来要开一个小型的拍卖会，看看谁的汽车能够以更高的价格拍卖出去。教师运用不同颜色的纸代替不同的价钱。学生会根据教师所讲的内容和自己的爱好创作出与众不同的汽车来，教师也会基于学生的创作进行指导。在拍卖会上，学生会推销自己的汽车，让更多的同学喜欢、了解自己的汽车。

知识卡　丰富情境创设途径

情境对于启发学生的学习兴趣与情感是非常重要的，而情境的创设要以吸引学生的学习兴趣为前提，唤起个体“欢乐地看世界，欢乐地看教学事务”。小学英语教学通过创设情境引发学生的学习兴趣，其途径是多样的。例如，通过音乐、图画、表演、游戏、语言描绘来创设情境等。

——资料来源：吴沛玲．小学英语课堂教学情境研究．硕士学位论文，2014：23

（二）研究如何指导学生在展示中进行有效学习

1. 展示的类别

展示分为课堂展示和课后展示。课堂展示一方面可以展示学生的学习成果，另一方面可以促使学生相互学习。课堂展示有学生的个人展示，也有小组的集体展示。个人展示会使学生更加大胆，也会给学生带来自信；集体展示则注重团队的合作，小组成员要共同完成某一个学习任务，每个人都要有任务分工。课后展示是学生通过课下交给教师的相关文字性的作业，来展示自己的学习成果；或者利用班级后面的黑板以及班级文化墙来展示自己的作品。这些作品可以是平时的书法作品，也可以是美术作品。总之，每个学科都需要结合本学科的特点。一般来说，在美术课上，教师会采用多种展示方式让学生展示自己的作品，如通过投影仪展示、举行小型拍卖会、小组共同创作出一幅作品等；在语文课上，更多的是口头性展示，如让学生朗诵一段诗歌或者表达一下自己的想法，让全班共同思考一个问题然后进行汇报。教师要给每个学生表达自己观点的机会。

2. 展示的作用

不论教师选取何种展示方式，都要在课堂上给学生一个平台，让学生通过自己的方式把自己的经历和想法传达给同伴。这样既能训练展示学生的口头表达能力、综合概括能力，又能让听者有身临其境的感受。往往学生与学生间的交流，会更加符合学生的认知。每个学生都有自己的想法，教师可以通过展示环节，让学生大胆与同伴交流，表达自己的想法。学生作品展示的过程，既培养了学生学习的兴趣，又让学生看到了每一位同学的优点和进步，可以在一定程度上增加学生的自信心。在课堂上的小组汇报展示中，每个学生对自己负责的部分都有独到的见解。在合作过程中，学生通过探讨、交流，在与他人分享知识的前提下，促使自己将知识进行重组，最后与同学达成共识。

（三）研究如何指导学生在研究中进行有效学习

案例指引 2　引起动机——落叶之变

师：老师想问你们一个问题：看到“秋天”这个词，你们会想到什么画面？

生：树叶变黄了、叶子掉下来了、落叶……

师：老师也想起了自己大学校园缤纷的落叶。秋天到了，树叶都变成了红色或黄色，可真美啊！这是什么？

生：树叶掉在地上。

师：树叶掉到地上以后是什么样子的？

生：乱乱的。

师：没错，美丽的叶子最终还是要飘落到地上，因为来年春天大树会长出新的叶子。你们瞧，地上除了落叶，你们还发现了什么？

生：好像是一个洞、好像一个陷阱……

师：想不想走近看一看？

生：哇！好漂亮！

师：这还是落叶，对吗？

（学生有的说对，有的说不对）

师：那你们看到它的时候是什么感觉？和刚才的感觉一样吗？

生：好看，漂亮。

师：为什么？

生：因为颜色很漂亮，有渐变。

师：你们关注到了它的色彩，还有别的想法吗？

生：可怕、神秘，好像里面有东西要爬出来。

师：为什么让你们有这样的感觉？

生：因为那个洞好像深不见底。

师：是不是感觉有神秘的东西在里面？

生：是的。

师：你们觉得这是自然形成的，还是人为的？

生：人为的。

师：那你们觉得是什么样的人做的？

生：是艺术家吧。

师：你们觉得是艺术家做的，换句话说，你们认为这是艺术品对吗？

生：对。

师：想知道他是谁吗？

生：想。

师：他是安迪·戈兹沃西，现在已经五十多岁了。他出生于英格兰，从小在农场长大，24岁时从艺术学院毕业，现在是一位艺术家。

——资料来源：陶旭泉．中小学美术有效教学．北京：北京师范大学出版社，2015：47～48

从案例中可以看出，教师在教学的过程中，要注重引导学生，让学生思考，而不是直接把答案告诉学生；注重教学的过程性，指导学生学会思考，并且设置正确的问题引导学生学习，在适当的时候也要培养学生学会分享。

1. 注重研究过程，让学生思考

爱因斯坦曾说过："提出问题比解决问题更重要。"作为教师，要培养学生提问的习惯。

教师给出研究的大框架后，要让学生独立思考，再进行交流，也可以让学生按照自己的想法制订研究框架。教师要培养学生发现问题、分析问题、解决问题的习惯，并探究出多种解决方式，让学生知道从根本上来进行探究。这个过程可以让学生把学到的知识进一步内化，转化为自己的知识，又可以培养学生发散思维的意识。教师要指导学生将新知识和旧知识联系起来，找出新的问题，提出自己的想法和建议，同时逐步扩大学生的视野，寻找多种方式得出最后的结果。

2. 合理安排问题，正确引导学生

每一节课，教师都要合理、精心地设计问题。问题要由易到难、由浅到深，不仅要符合学生的认知水平，还要贴近学生的生活，让学生容易理解，更要让学生能够通过教师设置的问题看到学习内容的本质。教师要让学生多观察、多思考、多交流，要敢于放手，让学生通过自己的学习来解决问题，而不是一味地依赖教师。当学生向教师提出问题的时候，教师要让学生多问几个为什么，让学生一步一步地反推，通过自己的努力解决自己的疑问。

3. 培养学生的集体意识，让学生学会分享

教师要指导学生在研究中进行学习，就要注重培养学生的集体意识，让学生把自己融入团队当中去，并且让学生敢于把自己的想法与同伴进行交流。研究，离不开与同伴的交流以及同伴的帮助。在交流合作的过程中，学生可以感受到人与人之

间的爱，从而变得相互信任。当大家把自己的想法表述出来后，对于某一个问题也许会碰撞出火花，这样会产生更好的解决方式。教师要让学生在团队中感受到温暖，增强自信心。只有有了乐观向上的态度，才能有研究的动力。因此，教师要注意培养学生的集体荣誉感，引导学生学会倾听、学会吸纳。

三、学习评价有效性的研究

学习评价是指在一定价值观的指导下，以国家颁布的课程标准中的课程目标为依据，运用科学、可行的工具和途径，系统收集学生在各门课程实施过程中认知行为上的信息和证据，并对学生的知识与技能、过程与方法、情感态度与价值观等方面进行价值判断的过程。① 为此，教师应该重视评价的意义，不断提高自身学习评价的基本素养，使教学与评价形成一致。

（一）研究评价的真实性与情感性

在评价的过程中，教师要关注学生，要允许学生提出质疑，敢于向教师提问，敢于把自己的想法说出来，让学生有充分的思考时间、发言时间。同时要注意评价的适合度，让评价在课堂上真实存在。在教学过程中要搜集相关信息，根据课上学生的学习程度调整自己的授课方式，调整对不同学生的评价。

在教学中，评价的时候要针对学生的回答或者结合学生出现的问题进行评价，不要泛泛评价，更不要过于夸张，如“你的想法比老师的好”，或者是对于学生不正确的回答做错误的引导，如“你回答得太好了”等。评价要根据客观事实，结合教师的主观判断进行。每个学生都是一个个体，充满活力，有自己独到的经历。基于此在评价真实性的基础上，教师要富有情感地进行评价，让学生感受到生命的体验与情感的抒发。教师平时的评价“不错”“真棒”“非常好”是很难和学生产生共鸣的。各个学科都需要教师有情感的投入，要结合各学科的特点，利用有效的方法、途径，使教师与学生之间产生共鸣。教师在课堂上要及时评价，使学生能够更加清晰地剖析自我、认识自我，以增强学生的自信心。

在教学中，教师要关注、肯定、赞赏学生的点滴进步，多赞扬和鼓励学生，以唤起他们心中的自豪感和自尊感。② 在美术课上，课堂活动主要是以绘画形式出现的。学生会把自己的经历画在纸上，表达自己的情感，这时教师就可以走进学生的生活，了

---

① 汪昌华．有效学习评价．合肥：安徽大学出版社，2015：9

② 蒋碧艳，梁红京．学习评价研究：基于新课程背景下的实践．上海：华东师范大学出版社，2006：89

解学生，和学生进行心灵的沟通并产生情感的交融。同时，学生也会感受到教师的评价不再那么神圣，而是贴近自己生活的，这也会促使学生更积极地进行自评。

(二)研究多元化的评价方式

1. 多角度进行评价

教师提出的一些问题，应采用多种方法进行解决。对于某一个知识点或者是某一个问题，教师应用不同的方式来进行设问，同时让学生采用不同的方法进行解决。一个好问题能使学生思维活跃，它提出一种思维挑战，进而学生会搜寻自己的理解能力。① 这样可以培养学生的思维能力和思考能力，让学生有充足的思考时间并能够把自己的想法分享给老师和同学。

2. 相互比较进行评价

在课堂上，教师会让多个学生回答同一个问题，这时就需要让学生相互比较得出结论。例如，在数学课学习“商不变”的时候，学生可以根据不同学生给出的运算方法来得出相应的规律，从而论证“商不变”的规律性。在此过程中，教师可以让学生多思考、多交流，相互比较，并发表自己的看法，从而找到最终的规律。

3. 提出建议进行评价

在教学过程中，每个学生都会有自己的想法。教师要培养学生针对遇到的问题提出建设性意见的能力，也就是提出更好的解决办法。例如，在小组合作的过程中，同伴之间要相互交流，在遇到困难的时候，要敢于把自己的建议提出来，更要有独特的见解。小组合作更多的是要注重合作过程的评价。教师要鼓励、指导学生解决小组合作中出现的问题，让学生能够在与同伴的交流中学到更多的技能。

知识卡　促进学习评价的十个原则

第一，促进学习评价应是有效教学计划的一个组成部分；
第二，促进学习评价的焦点应放在学生如何学习上；
第三，促进学习评价应被视为课堂实践活动的中心；
第四，促进学习评价应被看作教师必备的一项专业技能；
第五，促进学习评价应该是敏感的和有建设性的；
第六，促进学习评价应考虑到学习者学习动机的重要性；
第七，促进学习评价应致力于学习目标和学生共享对评价标准的理解；

① [美]费舍. 教会孩子学习. 刘淼，刘智斌，陶天梅，译. 广州：广东教育出版社，2013：36

第八，学习者在促进学习评价中应能收到关于如何提高学习成绩的建设性的指导建议；

第九，促进学习评价应能发展学习者自我评价的能力，使他们成为有效的自我反思者和自我管理者；

第十，促进学习评价应相信所有学习者都能取得成功。

——资料来源：Assessment Reform Group. Assessment for Learning：10 Principles. Cambridge：University of Cambridge，2002

（三）研究什么样的评价能够促进学生个性发展

每个学生都是有个性的。教师在课堂上要充分发挥学生的这种个性，让学生可以施展自己的才华；要特别重视能够有利于学生个性发展的评价，让学生在课堂这个大集体中发现自己优点，并加以提升。学习目标与学习内容的设定是一致的，但是评价却是可以调整的。教师要促进学生个性的发展，就必须在评价上有所调整。学生是不一样的，评价也会有所不同。例如，在美术教学中，教师不要一味地追求学生画得怎么样，动物的头是否都朝一个方向等，而应该具体了解学生画的是什么，想要表述的又是什么。教师要在知道学生的想法后，再对学生的作品进行评价和指导。教师要促进学生有个性地发展，但又不能盲目。教师可以让每个学生都有进步，但是每个学生的进步空间又是不一样的。教师在评价内容的设置上不仅仅是局限于教授知识，还要结合学生的特点，注重学生的各方面发展，促进学生自己进行评估和评价。

知识卡　发展性评价

课堂学习评价的目的在于教学与发展，而不在于选择和判断对错。一方面，课堂学习评价不仅能使教师充分理解新课程的教学理念，使教师的教学思想和行为向新课程的要求靠拢，不断调控教学过程并使之优化，以提高教学水平，帮助教师寻找最有效的教学模式，最终为学生的全面发展服务；还能使教师不断地对自己的教学进行反思、总结与改进，以促进教师的专业化发展。另一方面，课堂学习评价能使学生发现学习中存在的问题，帮助他们找到最佳的、最有效的学习方式，优化学生的学习过程，提升学生的学习行为，激励学生的学习热情，最终促进全体学生的发展。一次课堂学习评价不只是对一段课堂教学活动的总结，更是整个教学活动的生长点、向导和动力。

——资料来源：滕玉英．促进学生发展的课堂学习评价．硕士学位论文，2004：16

四、学习评价方法的研究

案例指引 3

教师：这么多造型新颖的杯子。你喜欢哪些？

学生：我喜欢小白兔形的杯子。

教师：你喜欢它独特的外形，对吗？你又喜欢哪个呢？

学生：我喜欢爱心形的杯子。

教师：就像你一样，对别人充满爱心。真正的好杯子要自己设计。老师想把这杯子变成魔术杯。老师认为魔术杯两边应该分别有两个小扣把，这样可以把盖子扣紧，防止漏水。上面还应该有一个小吸嘴，可以用来吸水喝。你们的魔术杯是这样的吗？

学生：是这样！

教师：我觉得都有可能。你们觉得魔术杯很复杂。那接下来我把硬币放在手上(老师快速地做了相应的动作，使硬币进入杯子里面)。你们看，魔术杯很神奇吧，能够把硬币变进去。

学生：我们要检查杯子是不是有小机关。

教师：想检查的同学，你们设计一个好看的杯子，老师才让你们检查我的魔术杯。

——资料来源：王景宣根据北京海淀万泉小学张晶老师《杯子的设计》一课整理而成的听课笔记(节选). 尚未发表

由案例可见，教师对于学生的表现、回答都采用了不同的评价方式，既能让学生得到教师的肯定，又能激发学生美术学习的兴趣。教师最后提到“要是想检查我的魔术杯，就要自己先设计一个杯子”，巧妙地对之前的学习进行了总结，也注重了学生在学习过程中的表现。

教师在课堂上运用最多的是表现性评价和终结性评价，有时也会运用成长记录袋的评价方式，促使学生学习。当然，教师会根据学生的表现来进一步进行评价，让学生在各种活动中可以得到发展。

(一)表现性评价

课堂教学需要教师合理组织、合理安排。教师可以利用合理的时间和地点，有效组织学生学习。教师要根据自己拥有的课堂教学组织形式的条件，采取合理的评价方式，以使课堂教学变得丰富多彩。教师不论采用哪种方式，目的都是为了调动学生学习的积极性，把学业知识转化为学生学习的动力，培养学生正确的情感态度与价值观，让学生通过学习的过程，掌握学习方法，进而对知识有更深入的理解。表现性评价有助于教师发现教学中的问题，增强学生的自信心，让学生有成就感。终结性评价可以让学生更清楚地认识自己。

1. 口语评价

口语评价是教师通过自己的语言，对学生的表现进行口头式的评价，这种评价方式在课堂上随处可见。在课堂上，有些学生会害怕回答教师的提问，有些学生则是怕回答错误。教师要制订评价的机制，给予学生引导，提高学生的口头表述能力。同时，教师在设置题目的时候，要符合教学目标，贴近学生生活，避免题目泛泛或者表述不清。教师还要给学生充足的时间，让学生回答。口语评价可以让学生多参与，有集体感，也可以让教师对自己授课的难易度有更清晰的认识。

2. 作业评价

作业是及时检验学生是否真正掌握所学的内容，是否拥有了学习技能的一个途径。作业可以是书面形式、手工操作或者绘画等，意在进一步让学生对课上所学的知识有更深入的认识，是对课堂知识的巩固。教师可以从学生的作业中看到学生出现的问题，也可以了解学生对某一知识点是否完全理解，作业评价对于教师来说起到了一种导向作用。教师可以在学生的作业后面加注评语，鼓励或激励学生有更多的上升空间。

3. 反思评价

反思评价可以让学生在自我反思中找到自己的问题。学生在课上学到的知识往往不能及时消化，需要学生在课下进行反思。反思什么？要反思自己所学的知识是否真正学会，并能够运用到生活中去。学生对自身要有一个尺度：“我”应该学到什么程度？如果出现不懂的地方“我”要怎么做？这样可以调动学生学习的主动性，促使其有效地进行自我调节。

知识卡　有效教学评价的作用

1. 激励功能

对于学生来说，科学合理的教学评价可以激起他们学习的内部动因。教学评价的结果为学生在学习上的进步情况提供了反馈。通过教学评价，学生有机会了解自己学会了什么，学习的程度如何，是进步了还是退步了，是比其他同学学得好，还是比其他同学学得差。教学评价作为对学生学习结果的反馈，可以进一步增强学生的学习动力。

2. 诊断功能

科学合理的教学评价可以调动教师教学工作的积极性；适时的、客观的教学评价，可以使教师明确教学工作中需要努力的方面，使教师把注意力集中在教学任务的某些重要部分上。教学评价的结果为改进教学与检验教师教学能力提供了依据。教师利用评价的结果可以了解课堂教学目标的实现程度，教学活动中使用的方式是否有效，学生的接受程度和学习状况，从而随时调整自己的教学行为，反思和改进自己的教学计划与教学方法，不断提高教学水平。

3. 评价功能

教学评价反映着教师教学的质量和水平，可以为教学管理提供比较可靠的依据，也可以为学校的人事决策提供依据。例如，教学质量评价可以检验教学实验的成败，可以对新旧教材、教法等做出比较性判断。

4. 导向功能

在推进课程改革的过程中，应树立有效的课堂教学评价观。教学测评既要关注结果又要关注过程，既要关注学生知识与技能的获得，又要关注学生情感态度与价值观的形成、心智的成长。

——资料来源：刘慧．小学课堂有效教学．北京：北京师范大学出版社，2015：109～110

（二）终结性评价

终结性评价是指在小学课堂教学活动结束后进行的评价，是课堂教学任务结束后，或者一个单元的教学任务结束后，对教与学的效果进行的评价。实际上，终结性评价是一个相对的概念，一个单元的教学任务结束后所进行的评价，相对于本单元来说是终结性评价，但相对于整个学期来说，又是过程性评价。①

考试是小学阶段不可或缺的检验学生学习成果的方式之一。在一学期或者半学期过后，教师可以通过对学生的学业成绩的判别来推断教学活动的实施状况。这种方式只能看到学生对于知识的掌握情况，而不能看到学生对于相关技能的学习情况。教师要把考试的范围扩大，可以寓教于乐，让学生在轻松愉快的环境中学以致用。作为教师，看中的不应是最后的结果，而应是过程，使过程和结果成正比。例如，在一节课后，教师要给学生提供反馈，让学生了解自己对于知识的学习到了什么样的程度；如果有考试的话，要告诉学生考试的难度以及成绩的评分标准等。

---

① 丁慧娟．基于生命的小课堂教学评价研究．[学位论文]．开封：河南大学，2014：85

知识卡　过程性评价的两个重要特征

第一，强调“动态过程”。师生是处于不断生成状态的生命存在，师生的生命发展是一个动态发展过程。基于对师生生命发展规律的认识，过程性评价关注师生课堂教学活动过程中“教与学”的整个发展过程。从宏观意义上来说，过程性评价关注师生个体的过去、现在与未来；从微观意义上来说，过程性评价关注师生过去、现在、未来每一过程中的整个动态发展过程。

第二，关注“非预期效应”。过程性评价关注师生发展过程中的“非预期效应”。师生“教与学”的过程是丰富多样的，不同的师生会有不同的教学经历，从而产生不同的教学结果。

——资料来源：丁慧娟．基于生命的小课堂教学评价研究．硕士学位论文，2014：83～84

（三）档案袋评价

档案袋，英文是“portfolio”，来源于意大利语“portfolio”，有文件夹、公事包、代表作选辑等多重含义。国内也有人将其译为成长记录、档案袋、卷宗夹①或者学习档案。这是根据特定的目的，学生持续一段时间针对特定的学习目标，系统地收集、组织和反思学习成果的档案，评价者依据评分规则对学生的努力、进步和成果表现进行评价的过程。② 档案袋能够反映学生学习的过程，包括学生作品的记录、学生自我评价的反馈以及学生的特长。

1. 艺术类

学生的美术、书法作品，学生唱歌跳舞的光盘，学生参加各类比赛的成果等。这些事物展现了学生学习的过程，并取得了阶段性的成果。

2. 科学类

学生参加的科学实验活动，撰写的科学小论文，这些告诉学生他们在科学方面的想法。例如，学生对于某一事物的想法以及自己进行科学探究的过程，或在比赛中是如何汇报的等。科学类的记录可以帮助学生更清楚地认识自己，使学生在科研能力上有很高的提升。

---

① 刘慧，唐斌．小学课堂有效学习评价．北京：北京师范大学出版社，2015：74

② 严先元．学习评价的理论、方法、技能与应用．天津：天津教育出版社，2015：63

3. 数学类

在数学方面可记录的东西非常多。学生对于某一道题的解析过程或者对于某一个数学人物的介绍，都可以在档案袋里呈现。教师可以从数学方面的记录中看到学生的逻辑性，看到他们对于数学的感性和理性认识。

4. 文科类

把学生写的周记、日记或者作文，都记录下来。看看学生每天经历的事情对他们的影响是什么。

成长记录袋可以分成：①成果型档案袋：展示学生的作品；②过程型档案袋：记录学生的学习过程；③目标型档案袋：让学生建立起学习的目标。档案袋的设置需要清晰准确，要有目录来记录袋子里都装有些什么。（见表 3-2）

表 3-2　成果型档案袋的目录

学习类			兴趣类		
语文	1	优秀作文（4 篇）	美术	1	优秀科幻画（2 幅）
	2	日记（2 本）		2	比赛获奖作品（1 幅）
	3	优秀试卷（3 份）		3	素描作品（2 幅）
英语	1	优秀作业（2 本）	摄影	1	风景（3 张）
	2	自我介绍（1 份）		2	人物（2 张）
	3	课堂奖励	奖状	1	科技比赛一等奖（1 张）
数学	1	课堂奖励		2	优秀三好学生（1 张）
				3	英语口语等级考试（1 张）

一个清晰的档案袋目录可以一目了然地对学生做出评价，同时也可以让学生更加清楚地认识自己。

知识卡　档案袋评价法的实施程序

档案袋评价必须与教学相结合。

档案袋评价应与其他评价并行。

档案袋评价应实施多次、阶段性的协助或反思。

档案袋评价应顾及可使用资源与学生家庭背景差异。

档案袋评价若用于评鉴应力求慎重。

——资料来源：严先元．学习评价的理论、方法、技能与应用．天津：天津教育出版社，2015：65

第三节　如何进行学习指导与学习评价研究

一、研究视角的选择和运用

同第二章开展“课堂教学与有效学习”研究一样，要做好“学习指导与学习评价”研究，研究视角是很重要的。关于“学习指导与学习评价”的研究视角，也基本是理论视角、思维视角和批判视角三种。

（一）理论视角

如第二章所言，由于理论视角是指从某个“学科”或“学派”的角度去研究问题，所以就同一个对象、同一件事物，不同的学科或者学派往往会从中看到不一样的问题或主题。面对同一个教育问题，不同的学科视角提供的问题解决方案会有所差异。在学习指导与学习评价研究中，研究者需要跳出自己习惯的学科或学派视角，或者与来自不同学科的研究者合作，寻求对同一个问题的解决方案。

下面以如何有效利用课堂反馈促进学生学习的问题为例，来看看理论视角对问题探究的影响。

课堂反馈是学习过程的一个重要环节，受学习理论观点的影响；课堂反馈是关于学习活动结果的信息。

行为主义学习理论认为，学习是刺激、反应之间的联结；课堂反馈则是一种强化。教师应通过对学生做出的正确反应的学习结果提供奖励（强化）来激励学生学习。信息加工理论认为，学习是信息的输入、加工、储存与提取；课堂反馈被认为是学习结果如何矫正的信息，反馈的内容是学习结果错误的原因及如何矫正的信息。教师应通过课堂反馈来提高学生的注意力，帮助学生改进学习策略，促进学生认知调整。建构主义学习理论认为，学习是学习者基于个人经验、信念的主动建构，反馈是促进学习者自我调节的信息，反馈的内容是学习者内部学习过程和学习结果的信息，反馈的目的在于教师要帮助学生建构知识。

不同学习理论视角下，什么是反馈、反馈内容是什么、反馈的目的、什么时间提供反馈信息有所不同。如果教师只站在建构主义学习理论的角度研究学生学习指导和评价的问题，就会忽视反馈的强化作用和提高学生注意力的作用，忽略学习指导中一些有针对性的反馈。可见，在进行有关学习指导与学习评价研究中，明确看待问题的理论视角、考虑是否要综合不同视角得出的观点是非常有必要的。

案例指引4　基于思维表象操作的小学生作文评价新视角

2011年版《语文课程标准》规定："写作评价要根据各学段的目标，综合考查学生作文水平的发展状况，应重视对写作的过程与方法、情感与态度的评价，如是否有写作的兴趣和良好的习惯，是否表达了真情实感，对有创意的表达应予鼓励。"这样的评价指标目的在于促进学生达成《语文课程标准》所规定的"培养学生的写作兴趣和自信心"。这样的评价有两个基本假设。一个基本假设是：学生是生活中的人，像其他人一样热爱生活、熟悉生活。只要教师轻轻一点，学生即可描写生活，甚至提炼生活、再造生活。所以当前的作文评价很关注作文背后的生活，这无疑是以前只关注作文本身的一大进步。但作文毕竟不是生活的简单再现，更不是生活本身，从观察、体悟，到学生大脑，再到语文文字，还有一个比较复杂的思维加工过程，所以我们常常看到不少学生分明在校园里生活，却写不出《校园一角》的作文。因此，只关注生活本身的作文评价，并没有从根本上导向学生作文的复杂方向。另一个基本假设是：作文虽然源于生活，但高于生活，因而作文比生活更重要。正是在这种假设的支撑下，作文要求被过分地拔高：本来就简简单单的"我口说我心，我手写我口"，却被无限拔高到"方法策略化""技巧化""创作化"的"文字游戏"。最终连作文评价的功能目标也被严重异化为一组冷冰冰的分数和优、良、中、差的评定。

显然，当前的作文评价应该回归作文的认知过程，作文的思维过程，作文的内部语言的操作过程，这应该是当前作文评价改革的新思路。作文过程不仅仅是简单的认知和表达过程，还是学生对写作的对象进行深层次的思维加工，运用表象操作，把脑海里模糊的记忆变成清晰的、动态的、具体的画面，让每个学生都能"我口说我心、我手写我口"。也就是说，任何学生作文的过程都是内部表象思维进行操作的过程。基于此，根据笔者的研究成果和经验，我们可以围绕小学生的表象操作构建三个环节、四个步骤的小学作文评价新体系。

一、评价的三个环节

对作文过程的三个环节的评价是依据国内段建军、李伟等学者对写作思维学的研究成果而提炼出来的：即小学生的作文如同画竹一样，必然要经过"眼中之竹""胸中之竹""手中之竹"三个环节。"眼中之竹"的评价就是对写作学强调的物象的评价，是评价小学生如何对周围人、事、物、景的有意或无意的自然感知，旨在引导作文发生的前提和基础。"胸中之竹"的评价是对写作学强调的意象的评价。由于"任何年龄的回想都不可能精确和完整"，只能是"零散的记忆碎片"，尤其是"儿童"，因此要评价"胸中之竹"必然要对残存于记忆中的物象所进行的一系列表象操作进行评价，还要评价意象中蕴含的作者的作文态度和情趣。"手中之竹"的评价就是对写作学强调的语象的评价，即对一定的语言模式下意象融于语言过程的评价，简单来说就是评价小学生怎样“我口说我心，我手写我口”。

以写《妈妈的笑脸》为例。由于学生在生活中感知过许多关于妈妈的笑脸，但生活太复杂多变而且大脑具有“过滤性”的记的特点，学生脑海里妈妈的笑脸则是许多种脸谱的复杂混合体：慈爱、温和、感激、兴奋、欣慰、鼓励、启发等，因此我们首先要评价学生是如何再现和辨认妈妈的笑脸的，这就是“眼中之竹”的评价。假如在确定了要表达妈妈对“我”的鼓励的微笑时，我们就要评价学生如何把妈妈的鼓励式微笑从安慰式微笑、叮咛式微笑、关切式微笑等复杂表情中分离出来，在脑海巨幕中呈现出了妈妈清晰的表情和动态化的特定事件情景，这就是“胸中之竹”的评价。所谓的“手中之竹”的评价，就是评价学生如何通过语言思维的引导，把脑海中妈妈鼓励式微笑的情形变成一幅幅逼真的画面在脑海里播放，并下笔成文的。

二、评价的四个步骤

“胸中之竹”的评价，即对作文意象的评价，其实就是小学作文评价的关键和核心所在。根据笔者的研究成果和经验，可按以下四个步骤来进行评价标准的细化。第一，回放的评价，即评价学生如何对过去的“零散的记忆碎片”进行电影式回放，也就是评价学生如何根据残存的记忆把确定要写的内容进行电影化的处理的过程。仍然以写《妈妈的笑脸》为例，就是评价学生如何在脑海里对关于妈妈笑脸的情形进行的逐一回忆。当然，在评价时既要关注妈妈笑脸这一意象播放的流畅性，又要关注笑脸是否和肢体行为、服饰外貌、事件情景等外显的意象连同在一起的连同性。第二，定格的评价，即评价学生在某种作文主题的概念思维的监控下如何对回放中某个“零散的记忆碎片”进行静态化、图像化的处理。比如要通过评价引导学生把妈妈鼓励式笑脸的某件事的线索捕捉住，努力在脑海里形成具体的画面，我们可以对定格的评价进行再细化：评价学生对这件事的态度倾向，比如感动、惊喜、兴奋、痛苦、厌烦等；再评价学生怎样带着情感倾向把那件事主观化、情绪化、放大化从而在脑海里形成清晰的画面。第三，组合的评价，即评价学生如何把定格后“零散的记忆碎片”进行表象处理。比如，写母子(女)间一次关于怎样做人的对话，由于并不是每个学生都会经历母子(女)间一次怎样做人的对话，即使经历了这种情形也并不意味着就一定能把这个物象存放在脑海里。恰好在几天前班主任老师刚刚和学生谈了这个话题，那就得用这个师生间的谈话来替换模糊得根本记不清的母子(女)间的谈话，当然这就需要对师生间谈话的这一物象进行改头换面，换成母子(女)间的谈话。因此对组合的评价，不能拘泥于事实的客观细节，而是要鼓励学生对模糊不清的事实细节进行替换、裁剪、异化等处理，努力使逝去的细节再现并合情合理。第四，分解的评价，即评价学生在某种作文构篇的概念思维监控下如何把组合后的表象切分为几个完整的表象。比如，要评价学生写的妈妈鼓励式笑脸事件，我们可以评价学生是怎样进行“分哪几个部分来叙述”的元认知监控的，然后评价学生是怎样把事件向前延伸或向后拓展的，即评价如何分解出事件的起因、经过和结果这三个意象的。在这样的评价引导下，学生就能写出一篇结构完整、内容具体、生动形象的作文了，作文评价的新策略体系就基本成型了。

——资料来源：冯迪鸿．基于思维表象操作的小学生作文评价新视角．教学导刊，2012(7)

（二）思维视角

研究小学课堂学习指导与学习评价，思维视角也是一个重要的研究视角。从思维视角来研究问题，即以分类或关系判断的思维形式进行研究。异同关系、因果关系和对立统一关系同样可以概括小学课堂学习指导与学习评价当中各种因素的关联。三种关系如何运用到小学课堂教学的各个方面，第二章已有分析，本章不再赘述。

有效的思维视角研究不仅有利于厘清事物间的关系，而且常常能探寻新的规律、找到新的行之有效的实践方法，就像“基于思维表象操作的小学生作文评价新视角”案例中的创新一样。从知识与技能、过程与方法、情感与态度等三个维度来评价学生的作文，的确是遵循了课程改革的理念，但这样的评价指标并没有“培养学生的写作兴趣和自信心”，没有从根本上导向学生作文的复杂方向。研究者挖掘到了评价指标低效的原因——其一是，“学生是生活中的人，像其他人一样热爱生活、熟悉生活，只要教师轻轻一点，学生即可描写生活，甚至提炼生活、再造生活。”其二是，“作文虽然源于生活，但高于生活，因而作文比生活更重要。正是在这种假设的支撑下，作文要求被过分地拔高：本来就简简单单的‘我口说我心，我手写我口’，却被无限拔高到‘方法策略化’‘技巧化’‘创作化’的‘文字游戏’。”

确定了原因后，研究者转而回归小学生作文的认知过程、思维过程以及内部语言的操作过程，探究新的适合小学生的作文评价思路。而上述过程中情操意向、概念判断、逻辑推理、内部语言的形成等方面的表象操作特点就是新的评价体系的理论基础，或者说根本原因所在。对于不同因素的因果关系的细致分析是该研究有所突破的重要原因。综上，思维视角是小学课堂学习指导与学习评价研究不可或缺的手段和途径。

（三）批判视角

所谓批判视角，是对小学课堂学习指导与学习评价中的新观点、新方法进行适时的判断与选择。和小学课堂教学与有效学习领域一样，在小学课堂学习指导与学习评价领域，新理念、新方法等随着时代变迁以及人们研究的不断深入而不断涌现。

面对新的发现和新的观点，理性地考查其内涵、外延、适用范围、局限性等是非常有必要的。下文知识卡“品德评价的否定之否定”的理性批判态度和方式就值得教师们借鉴。

知识卡　品德评价的否定之否定

品德测评发展到科学测评阶段以后，有了很大进步，但是人们对于测评的科学性和有效性依然意见纷纭。20 世纪 30 年代，哈桑和梅的发现以及 90 年代利文森和贝克的主张就比较有代表性。哈桑和梅通过对诚实、作弊问题的实证调查发现，一个学生诚实不诚实、作弊不作弊，所表现出来的更多的不是一种稳定的道德品质，而是一种条件性的东西。也就是说，在某些情况下某个测评结果在另外一个情形下不一定会出现。这个发现进一步的结论就是：对学生进行直接的道德教育不一定有效。基于此，十到二十年之后，美国基本上废除了直接的道德教育课程，走上了一条相对主义德育的路子。这对于品德心理测量走纯实证的路子来说，的确是一个警醒。利文森和贝克则认为，品德发展的每个年龄段都有其优点和缺点，不一定是一个从低级到高级逐级向上生长的过程；如果你非要这样假设的话，就可能导致品德评价上的“年龄歧视”，从而得出这样的结论：成年人的品德会普遍比少年儿童的品德高。这显然立不住脚，你可以说某些成人某些方面的道德水平比某些儿童高，但不能说所有成人的所有维度的道德水平都比儿童高。利文森和贝克的“反年龄歧视理论”显然是对所谓品德科学测评的一种挑战。以上这些批判对于我们今天去思考品德评价和整个德育仍然是有帮助的。我们需要更多地考虑品德测评的复杂性，认真地考虑今后测评工作和全部的德育如何关注学生的品德增长。

——资料来源：檀传宝．品德评价的否定之否定．教育测量与评价（理论版），2009（02）

二、研究方法的选择和运用

第二章中谈及的课堂教学与有效学习研究方法，即文献研究法、调查研究法、课堂观察法、课例研究法、叙事研究法等，也是小学课堂学习指导与学习评价研究的常用方法。每种方法都有自身的特点，在进行具体研究中需要有选择地运用。方法选择恰当，应用科学合理，能够保证研究朝着正确的方向推进，达到既定的研究目的，服务于改进教学、有效指导学生学习和客观科学评价学生的学习。反之，就会影响研究进程，降低研究效果，甚至使研究偏离预定的研究方向。选择和运用研究方法应考虑如下基本要求。

（一）根据研究课题的目的要求选择研究方法

在教育教学研究的各种方法中，无所谓绝对的“最优秀方法”。就研究方法与研究目的的关系而言，研究方法要服从于研究目的，不能为方法而方法，那样就本末倒置了。选择研究方法的原则之一就是哪一种或哪几种研究方法对达到研究目的最为有效，就选择哪一种或哪几种。例如，要探究小学学习评价的新路向，可以通过文献研究的方法了解最新一代的评估理论，了解目前评价存在的困境；要验证一种新的学习指导方法的有效程度，证明这种方法在培养学生能力、提高学习效率方面优于传统的方法，可以采用行动研究的方法；要了解某一种学习指导的方法存在哪些问题，或者学生更喜欢哪一种学习指导方法，可以用调查研究法和课堂观察法。

（二）根据实施研究的条件确定研究方法

任何一种研究方法对研究者都提出了一定的要求，需要具备一定的条件；教育教学研究方法也不例外。任何好的研究方法只有在适合的条件下，由恰当的人员操作才能充分发挥作用。因此，我们选用教育教学研究方法时必须考虑可行性，要对实施研究的条件进行充分考虑。教育研究方法的选用一定要根据研究者个人的水平和对方法的熟练程度，合理选择自己能操作的方法；同时，所选择的方法对自己的研究要尽可能合适，能够最大限度地达成自己研究的目标、解决所要解决的问题。例如，某研究者对小学数学的翻转课堂进行研究，欲了解学生对于课前微视频中知识的掌握情况，以及翻转课堂上师生关系、课堂交往、课堂评价和课堂练习的教学效果，课堂观察法是不错的选择，但要求研究者熟悉并能正确地运用课堂观察法。如若不然，研究者恐怕只有选择其他方法了，像调查研究法，但研究的效果有可能不尽人意。

（三）注意各种方法的综合运用

研究方法是具有独立性的，每类教育研究方法都有各自的特点和一定的适用范围，彼此间不能互相替代。再者，由于教育教学规律的复杂性，在具体的教学研究中，难以找到能“独立应用”的教育研究方法。所以，教育教学问题的研究往往需要几种方法的互相结合、配合使用，以发挥各自的长处，综合运用多种方法，才会有所突破，才会有所创新。在一定意义上，教育研究需集人类研究方法之大成。例如，要进行一项复杂的教学实验，制订研究方案时，需了解已有的研究成果，这就离不开文献研究法；而对实验对象事先摸底，就需选用调查研究法；实验进行过程中需选用课堂观察法；实验后效研究，需选用调查研究法等。在这项教育研究中，教育研究方法构成了一个方法组合的有机体系。当然，这种体系也不是固定不变的，而是因研究课题而异的。

案例指引5 “小学英语自主学习的指导策略研究——以青浦区W小学为例”之研究方法

1. 研究目标

梳理自主学习、指导策略的相关理论，明晰指导与自主的关系。

分析个案学校当前小学生自主学习英语的现状及原因。

研究促进小学英语自主学习动力、自主学习内容、自主学习策略、自主学习计划以及自主学习评价的指导策略。

2. 研究内容

小学英语自主学习的指导策略相关理论研究。

小学英语自主学习的指导需求评估。

小学英语自主学习的指导策略构建。

小学英语自主学习的指导策略实施及建议。

3. 研究方法

本项研究需要综合运用多种研究方法，主要的方法包括文献研究法、调查研究法和个案研究法。

(1)文献研究法

文献研究法就是对文献进行查阅、分析、整理而找出事物本质属性的一种研究方法。本研究将查阅大量有关自主学习和指导策略的文献资料，进行理论分析。重点研究近年来国内外论及英语自主学习指导方面的论文、论著以及相关的文献资料，力求从文献中了解指导自主学习英语方面研究的观点和结论、使用的方法、遇到的问题以及解决这些问题的方法，并从中得到一些启示与思考，为调查研究的设计与实施奠定好理论基础。

(2)调查研究法

调查研究法是研究者从一定的研究目的出发，深入教育实际，有计划、有系统地向有关人员收集关于研究对象的资料，从而了解事实、发现问题，并揭示有关现象的发展趋势或提出解决问题措施的一种方法。调查法将主要采用调查问卷、访谈的形式。

①调查问卷。

根据影响学生自主学习能力的内在因素，从小学生英语学习动力、学习内容、学习策略、学习计划、学习评价等方面制作小学英语自主学习的指导需求调查表，分析W小学3~5年级学生的英语学习现状，为教师的指导策略研究提供方向。

②访谈。

本研究的访谈对象主要是W小学的英语教研组长、普通英语教师及学生。通过访谈，进一步了解教师的教和学生的学这两方面的现状，从而使本研究的问卷数据更加真实有效，使本研究的结论更加准确、有价值。

(3)课堂观察法

通过观察、记录、分析和研究英语课堂的运行状况，了解学生的自主学习情况和教师指导策略的运用情况，在此基础上对所提出的指导策略进行反思、完善。

——资料来源：刘娟．小学英语自主学习的指导策略研究——以青浦区W小学为例．硕士学位论文，2012：7～8

(四)注意方法选用的客观性

任何一种教育研究方法都有其自身的内在规律，都有一定的科学原理，有特定的研究程序。任何一种教育研究方法的选用都应遵循其内在的规定和基本的原则。在教育教学研究过程中，我们必须按程序和要求去研究客观现实，不能随意更改和省略。从课题的选择到材料的分析，从方法手段到研究的组织都必须客观科学，这样才能取得理想的成果，同时研究的结论必须经过证实或实践检验，才能保证其客观性、科学性。

第四章

课例研究与教育叙事研究——促进儿童生命健康成长的有效保障

如果想让教师的劳动能够给教师带来乐趣，使天天上课不至于变成一种单调乏味的义务，那就应当引导每一位教师走上从事研究的这条幸福的道路上来。

——苏霍姆林斯基

第一节　小学教师为什么要做课例研究

案例指引 1　消失的“财富”

教师是课堂教学的实施者，也是研究者。教师的研究，通常是在备课、上课和课后的反思中进行的。教师对教学内容、教学方法乃至教学理念的思考、探索和理想，常常凝练在一节节的课中。“浙江曾有一位著名的陆鉴三老师，是一位特级教师。他教作文很有办法，育人又育才。可惜当我们试图发掘陆老师的教学经验时，却怎么也找不到他的课例了，哪怕一节课。他的教学经验，他一生积累的‘财富’消失了。”①

作为教师教学研究的热门话题，课例、课例研究越来越受到教育界的关注。笔者在“中国知网”中，以“课例研究”为主题进行搜索，发现标题中包括“课例研究”的论文数量，从 1980 年到 1999 年的 20 年中是 146 篇；从 2000 年到 2015 年的 16 年中是 4215 篇，基本上呈递增趋势，其中 2014 年和 2015 年分别是 485 篇和 602 篇。课例研究之所以得到教育工作者的广泛认可并积极推行，是因为人们逐渐认识到教学经验——教师的“财富”承载在一个个课例中，课例的研究对于教育、教师成长都具有重要的价值。

一、对课例研究的理解

课例研究是基于课例的研究。那么何谓课例？学者们都认同“课例”是一个实际的教学例子，是一门具体科目、具体学习内容的“课”，是对教学问题和教学决定的再现和描述。不过，关于“课例”是否一定是完整的一节课，学者们有着不尽相同的观点。安桂清认为：“课例是一节课或围绕一节课所开展的一系列教学活动的总称，它是对教学的全景实录，呈现着完整、真实的课堂教学过程。”②王荣生等则提出课例

① 王荣生，高晶．“课例研究”：本土经验及多种形态(下)．教育发展研究，2012(10)

② 安桂清．以学为中心的课例研究．教师教育研究．2013(3)

“可以是完整的一节课，课中相对完整的片段，或课中牵涉整体的某些细节”[①]。事实上，在做具体的课例研究的过程中，的确会围绕某个问题关注课中相对完整的片段，或课中牵涉整体的某些细节；但对片段或细节的研究又不能脱离完整的一节课，因为课中的片段、细节等与一整节课是局部和整体的关系，彼此间相互关联。

课例的形态，从行为时间上说，有已成之课、处在改善过程中的课和尚在设计中的课；从课的设计者和执教者来说，他人上的、自己上的，以及与专家和同伴共同研制的，均有研究的价值；从呈现的形式来说，现场课、录像课，还有以文字实录的课都在研究之列。关于这点，王荣生等人[②]的描述清晰明了。

学界关于课例研究的界定，情况更为复杂些。不过，大体可以分为两类。一类是基于日本授业研究的做法概括而成的，另一类则强调对于课例研究的理解既要借鉴外来的实践和理论，又要充分发掘和弘扬本土经验。

按照前一类方法定义的研究者颇多，比较有代表性的界定是“课例研究是教师以课为载体，对教学实践中的问题展开的合作性研究。它通常会经历一个‘疑问—规划—行动—观察—反思和重新规划’的循环过程”[③]。虽然学者们的表述不尽相同，但存在着一些共识。例如，“其本质是一种行动研究；教师为课例研究的主导；以教师集体合作为主要特征；以学生学习和发展中出现的问题为研究对象；目的在于通过教师专业发展进而促进学生的学习和发展；具体步骤主要包括确立主题、设计教案、上课和观课、评价与反思以及分享成果等；课例研究是一个循环的过程。”[④]

持后一类观点的学者，没有明确提出课例研究的定义，但罗列了“课例研究”在本土实践中的若干形态。[⑤] 本书兹列举如下：

第一，课例作为研究成果的表达形式。教师既施教，也研究；教师将对教学内容和方法乃至教学理念的思考与探索作为其重要的研究成果，往往以教学录像、教学实录等形式呈现出来，教学实录就是一种有效的课例研究。

第二，课例作为研究对象。成为研究对象的课例，取之现场的教学和事后整理的实录都有研究的价值，如何选择取决于研究的条件和问题。现场的研究，即评课，能使教师发现教学中需要解决的问题，增加教师对教学的认识；以教学实录为研究对象的课例研究，即课例分析，是开发学科教学知识、发展学科教学论的重要途径。

第三，课例作为研究问题的载体。借助课例，在教学内容选择或教学方法选用

---

① 王荣生，高晶.“课例研究”：本土经验及多种形态(上).教育发展研究，2012(8)

② 王荣生，高晶.“课例研究”：本土经验及多种形态(上).教育发展研究，2012(8)

③ 安桂清.以学为中心的课例研究.教师教育研究，2013(3)

④ 王松.课例研究的概念、特征与实施步骤.http://www.pep.com.cn/kcs/d6xy/lwj/201101/t20110106_1008755.htm

⑤ 王荣生，高晶.“课例研究”：本土经验及多种形态(下).教育发展研究，2012(10)

过程中，研究如何选择教学内容、如何选用教学方法等问题，而且往往要回到教学实践中加以检验。研究方法的选用会受到研究问题、教学条件、研究条件等因素的影响，课堂观察、前后测对照、课例片段比较、教师访谈等都是可以采用的方法。课例研究的载体未必是完整、优质的课；成果表达形式可以是课例研究报告、校本教材、学案等不同形式。

第四作为研修内容或研修方式的课例研究。两相比较可以发现，从研究的对象、方法、成果表达形式等诸多方面而言，后者的范畴大于前者，有广阔的空间。但在具体研究的操作上，后者所指涉的某些形态，“问题”不成问题，“方法”不成方法，尚需改进。由于课例研究的目的在于通过教师专业发展以促进学生的学习和发展，所以，科学地改进后者的不足更为迫切。

知识卡 课例研究的由来

课例研究通常被认为是一种舶来品，起源于日本的授业研究(jugyokenkyn 或じゅぎょけんきゅう)，最早可追溯到明治时期，至今已有一百多年的历史。jugyokenkyn 由两个词组成：一个是 jugyo，意思是“课”；另一个是 kenkyn，意思是“研究”。“授业研究”在国际范围内引起广泛的关注始于 1995 年和 1999 年的 TIMSS(第三次数学与科学课程国际研究)。芝加哥大学的斯蒂格勒(James W. Stigler)和黑巴特(James H. Jebart)对比了日本、美国和德国的课堂教学录像之后，认为日本教师在教学上的成功与日本的一种特殊的教育活动相关，即课例研究(Lesson Study)。随后，斯蒂格勒和黑波特对课例研究进一步展开了研究，并于 1999 年出版了二人的著作《教学差距：来自世界各地关于课堂教学改进的最佳观点》(*Teaching Gap: Best Ideas from the World's Teachers for Improving Education in the Classroom*)。至此，课例研究引起美国人的浓厚兴趣，并迅速在美国各州及新加坡、伊朗、澳大利亚、中国香港等多个国家和地区获得大力推广，被认为是“改变 21 世纪教师专业发展的强有力途径”。

——资料来源：王松．课例研究的概念、特征与实施步骤．http://www.pep.com.cn/kcs/d6xy/lwj/201101/t20110106_1008755.htm；赵德成．教师成为研究者：基于课例研究的分析．教师教育研究，2014(01)，本书做了适当修改

二、课例研究的价值

案例指引 2 课例研究让我重新上路

北京市大兴区第七小学的白冰老师在经历了第一次课例研究后，写下了自己的切身感受：“这次课例研究是我从未经历过的。参与其中的每个人都有明确地分工，

但目的都是一样的，都是研究怎样上好一节课。作为授课人，我是非常幸福的，因为有这么多良师益友从不同角度观察记录并提出宝贵建议，帮助我提高。因为有了这么多人参与，因为其中包含酸甜苦辣，因为带给我的感受太多，所以这次课例研究对于我来说意义深远，不能忘记。”

“通过这次活动，颠覆和纠正了很多我从教以来的习惯，其中带给我最大的变化就是课堂上的信心更强了。从备课开始，我就坚信自己能上好这节课；铃声响起，我就感觉能掌控课堂。”

“自信变得越发强烈之后，我发现让课堂变得有意思并不是很难。更惊喜的是，课堂气氛较之前好了很多。”

“课例研究对我是一种磨砺。通过实践，我反复钻研教学，磨炼教学技能，更重要的是我的教学观念转变了。课例研究带给我的反思太多了，更需要把反思和观念落实到常态课中去体会和钻研，把收获转化为成果才是最大的目的。”①

案例中的白老师经过第一次课例研究后，上课变得自信，其教学得到了改善。课例研究所惠不止于此，教师、学生以及专业的教育研究人员的面貌都会因此得到改变，课例研究能得到教育界的广泛重视，原因也在于此。

（一）课例研究促使教学研究更好地服务于教学改进

教学的研究旨在探寻教学的科学规律，以更好地服务于教书育人。但在实际的教学研究中，教学研究未能摆脱疏离真实教学生活的怪圈，成了纯粹的知识游戏，正所谓“科学观念被实证地简化为纯粹事实的科学。科学的‘危机’表现为科学丧失生活意义”②。结果是，教学研究对于现实教学的改进作用不尽人意，甚至是徒劳的；教学知识与教育文化及其教育生活的脱节时时遭人诟病。课例研究倡导包括教师在内的研究者深入课堂，突破“逻辑澄清”与“经验验证”方法的限制，灵活运用研究的方法，更直接地触及课堂教学的真实，揭示课堂教学的问题，因此，它有助于教学研究回归真实的教学生活，解决教学的实践问题，达到改善教学的目标。课例研究体现了研究对于知识价值、文化价值和生活价值有机统一的追求。事实上，课例研究在促使教学研究更好地服务于教学实践的同时，也赋予了教学研究者更为广阔的研究领域，激发了教学研究者更深刻的研究内驱力，使得“到中小学去研究教育”落到了实处。由于研究者是

---

① 白冰．课例研究让我重新上路．辅导员下旬刊：教学研究，2014(1)

② 胡塞尔．欧洲科学危机和超验现象学．上海：上海译文出版社，1988

在"真实世界里找学问①，"教育知识与教育文化和教育生活的联系由此紧密而灵活。

（二）课例研究能为儿童学的构筑积累实践知识②

古代，儿童被认为是微小的成人，与成人相比并无特殊之处。18世纪，法国的启蒙哲学家、教育家兼文学家卢梭(Jean Jacques Rousseau)的《爱弥儿》敦促人们认识到：儿童有其特殊的、不同于成人的需要和精神生活。19世纪下半叶，对儿童的研究热潮席卷欧美多国，关于儿童研究的一门学科即儿童学已初见端倪。时至今日，关于儿童的研究成果斐然，但对儿童课堂学习面貌的探究还远不能满足有效课堂教学的需要。学生是课堂教学不可或缺的三大构成要素之一，因此，对儿童及儿童学习的了解非常有必要。

课例研究是以理解"学生的学"为中心的，要求包括教师在内的研究者改变一种习惯性的态度，即总是假设学生对于学习内容的理解与教师所预期的是一致的。本着这样的改变，研究者以"观察学生的眼睛"③关注教师与儿童的交往，逐步了解儿童对世界的态度和看法、儿童的情感以及儿童的学习特点等，了解儿童间的差异。源自于真实教学生活的观察，会逐步丰富学界关于儿童的经验，从而为儿童学的建构积累重要的实践知识。

知识卡　儿童学的内涵

首先，儿童学是一种时代精神。作为时代精神的儿童学是指对儿童独特价值的尊重与捍卫、对儿童独特认知方式和行为方式的理解与引导。这可称为"儿童学精神"，这种精神源于西方文艺复兴运动，特别是启蒙运动，完成于20世纪的教育民主化运动。在专制社会与专制时代，儿童沦为成人压迫的对象，这集中表现为教育中的压迫。在民主社会和民主时代，儿童获得了与成人平等的权利，这集中表现为教育中的自由。坚守"儿童学精神"是每一个儿童学者和教育者的使命。

其次，儿童学是一个研究领域。作为研究领域的儿童学是指以儿童为研究对象的一切学术领域。这是一个不断变化、拓展和深化着的学科群，包括儿童哲学、儿童社会学、儿童史学、儿童心理学、儿童教育学、儿童医学等。这是广义的儿童学，可称为"儿童学领域"。

最后，儿童学是一门具体学科。作为具体学科的儿童学是指基于某种范式、整

---

① 王洁．从真实世界里找学问——记一次课例研究活动．人民教育，2010(2)

② 安在清．课例研究的意蕴和价值．全球教育展望，2008(7)

③ 胡庆芳．课例研究的作用、特征和必要条件：来自日本和美国的启示．外国教育研究，2006(04)

合不同视角对儿童及其发展进行整体研究的一门学科。这是狭义的儿童学，可称为“儿童学学科”。儿童学学科既建基于“儿童学精神”，又源自“儿童学领域”，是二者的具体化与专门化。

所谓儿童学，是“儿童学精神”“儿童学领域”“儿童学学科”三者的统一。它以儿童群体与儿童个体的发展为研究对象，旨在理解儿童文化、促进儿童发展。

——张华．试析儿童学的内涵．教育发展研究，2015(04)，本书做了适当修改

(三)课例研究助推教师专业成长

所谓教师专业成长，是指教师在职业生涯中积极主动地学习和研修，以提高自己的教育知识、学科知识、教学能力、班队管理、学生辅导以及专业态度等。在社会迅猛发展的今天，社会、家长对教育的要求越来越高，教师的专业成长永远在路上。学习、研究均是教师专业成长的途径。研究有多种，其中课例研究对于教师而言，有独到的身份优势——教师在自己的处境和实践中进行课例研究，有自己的话语权和探究。课例研究成为教师自律专业发展的起点。

在课例研究过程中，作为研究者的教师需要研究教材、认真思考特定的内容领域的课程，需要观察学生的学习，需要研究教学的策略，需要培养合作学习的能力，需要进行教学反思，会研究不同特色的课程。无论是教师个体还是群体，都会因此提升其专业知识水平、技术能力、思想修养水平等。可见，课例研究能够引领教师进入专业成长的佳境。

第二节　小学教师怎样进行课例研究

引自国外的“课例研究”有特定的必要条件，并规定了具体的实施步骤；本土的“课例研究”形态多样，但在研究方法上尚存在不规范和有待提炼的现象。那么，如何有效开展已移植于本土的外来“课例研究”，同时发掘本土强有力的“课例研究”经验并逐渐提炼行之有效的研究方法？

一、规范化的“课例研究”步骤

对于如何展开课例研究，学界并没有完全统一的观点。关于这一点，可以从表4-1所罗列的资料中看出。

表 4-1　“课例研究”的实施步骤对比表

研究者	关于“课例研究”步骤的观点
斯蒂格勒和黑波特（Stigler & Hiebert，1999）	课例研究包括 8 个步骤：定义问题；设计教案；上课；评价、反思；修改教案；教授经过重新设计的课；再次评价、反思；分享成果。①
弗拉德兹和约士达（Fernandez & Yoshida，2004）	课例研究包括 6 个步骤：合作设计研究课；关注实施中的研究课；讨论研究课；重新设计研究课（酌情采用）；教授经过重新设计的研究课（酌情采用）；交流对重新设计的课进行的反思。②
谌启标（2006）	课例研究包括 4 个步骤：计划、教学、观察和评课。③
李子建（2009）	课例研究包括 5 个步骤：选取主题；设计教案初稿；教学、观课；集体反思；总结、分享。④
安桂清（2013）	课例研究一般要经历“确立研究主题”“规划教学设计”“实施课堂观察”“开展课后研讨”“形成研究报告”等核心环节。⑤

由此可见，大多数学者在课例研究的基本步骤上大致相同，产生的差异主要是由划分步骤的细致程度而导致的。不过，需要注意的是，有的研究者认为课例研究是一个循环的过程，而有的研究者则并没有指明这一点。本质上，课例研究是一个循环的过程，第一次反思结束后需要进一步修改教学设计、重新执教和反思，直至问题真正得到解决，因而课例研究是一个螺旋式不断向前发展的过程。

知识卡　以学为主的课例研究环节及要点

课例研究一般要经历“确立研究主题”“规划教学设计”“实施课堂观察”“开展课后研讨”“形成研究报告”等核心环节。各环节如果要凸显“以学为中心”的精髓，就需要实现如下诉求：

1. 确立研究主题——教学合一

在“确立研究主题”环节，教师不仅要考察教学中的实践难题，更要思考这些难题在何种意义上与学生的学习相关，这是以学为中心的课例研究的起点。

---

① Stigler J W，Hiebert J. The Teaching Gap：Best Ideas from the World's Teachers for Improving Education in the Classroom. New York：The Free Press，1999

② Fernandez，Yoshida. 课例研究．马晓梅，邓小玲，译．石家庄：河北出版社，2007

③ 谌启标．基于教师专业成长的课例研究．福建师范大学学报（哲学社会科学版），2006(1)

④ 李子建，丁道勇．课例研究及其对我国校本教研的启发．全球教育展望，2009(4)

⑤ 安在清．以学为中心的课例研究．教师教育研究，2013(3)

2. 规划教学计划———因学设教

在“规划教学计划”环节，教师首先需要开展学情分析。学情分析是课前科学预设的前提，更是课堂精彩生成的保证。在教学实践中，教师能够采用的学情分析的方法是极其多样的。例如，让学生预习，测验、访谈学生，课上让学生质疑、点评、做小结，倾听学生讨论，巡视学生做练习的过程，在答疑中发现问题，作业批阅，等等。学情分析的方法有助于教师在确定教学目标和内容时，超越原先单纯依据学科逻辑或日常经验判断教学重难点的做法，真正做到从学生的学习实际出发增强教学的针对性和个性化。

此外，教师还需要转变教学设计的重点，即要增加对学生主体活动的设计。

3. 实施课堂观察———以学观教

在“实施课堂观察”环节，课堂观察的对象要从教师身上转到学生身上，在课堂中针对学生集体学习、小组学习和个体学习的情况进行观察。要开发相应的用于记录学生学习情况的观察工具。“以学为中心”的课堂观察工具，一方面教师可以借鉴国际优秀经验，如日本教师在课例研究中常用的座位表、姓名牌等观察工具；另一方面也需要在本土实践中积极探索，创造出更多有效的课堂观察工具。

4. 开展课后研讨———以学论教

在“开展课后研讨”环节，研讨群体除了关注对问题的研究而非对课的评价，关注执教者与观摩者的民主协商而非观摩者对执教者的单纯建言外，为凸显“以学为中心”的立场，还需要遵循“关注学生学习的事实而非教师教学的风格”的基本原则，使研讨着眼于课堂中儿童学习的事实来展开，最终用关于学生学习的信息修订课堂和形成教学实践。

5. 形成研究报告———以学改教

在“形成研究报告”环节，教师需要依据学生学习的事实对自身的教学进行反思，提出相应的改进建议。通常，课例研究报告需要交代研究主题的选取、教学方案的规划、教学实践的开展、教学成果的检讨、附录等信息。课例研究要重点呈现“教学实践的开展”和“教学成果的检讨”两部分，同时将这两部分的逻辑层次进行再构，分解为三个方面：首先是“观察结果”，即对学生学习的实况详加描述；其次是“问题诊断”，依照观察的结果，寻找教学中存在的问题；最后是“改进建议”，针对教学中的问题提出相应的改进建议。由于课例研究是一个系统的教学改进过程，一堂研究课在第一轮教学实践后会在平行班级中进行第二轮乃至第三轮的教学改进，因此报告中这三方面的写作需要反映每一轮教学实践的情况。

——资料来源：安在清．以学为中心的课例研究．教师教育研究，2013(3)，本书做了适当删减

二、课堂观察及工具

案例指引 3　“教师提问的有效性 · 教师提问”课堂观察

被观察教师：常海英　班级：五(2)班

观察教师：杜红禹　　时间：5月4日

观察维度：教师教学 · 对话 · 提问

研究问题：教师提问的指向性、目的性、层次性、效果

教学环节中的原问题(教师提问以原话为准)	针对“教师提问”的观察记录及分析										
		指向		层次		提问方式					
		清晰	模糊	识记	理解应用	综合分析	问前先点名	问后让齐答	举手者回答	让未举手者答	其他
教学环节1 新课导入	频次	2	2		2	2			4		
	要点记录	原问题： 1. 这是修道院里的一堵墙，它给你们什么样的感觉？ 2. 当这幅壁画出现在这面墙上之后，给你们什么特殊的感觉？ 相关问题组： 1. 你们还在哪里见过有纵深感的空间？ 2. 哪些词语能表达出你们对深度空间的感受？									
教学环节2 讲授新课	频次	4	5		3	4			20		
	要点记录	原问题： 1. 看图片，在有深度的空间中，近处与远处的景物有哪些变化特点？ 2. 画家通过什么景物的变化表现出深度空间的效果？ 3. 画家运用什么绘画方法表现的透视规律，营造出深度空间的效果？ 相关问题组：观察凡 · 高的《卧室》提问 1. 画家还在哪些地方画出空间深度的变化？ 2. 画家怎样安排椅子在画面中的位置？ 3. 在画面中，哪些地方也有这样的构图形式？ 4. 真实的卧室与画中的卧室布局相同，最明显的区别是什么？ 5. 这幅画的色彩有什么特点？作用是什么？ 6. 画家画出地面空间的变化了吗？用什么绘画元素表现出来的？ 学生回答踊跃，但教师不太满意。									
教学环节3 新课重点 《最后的晚餐》	频次	1	3	1		3			5		
	要点记录	原问题： 1. 你们能找到主人公耶稣吗？ 2. 你们有什么新发现吗？ 3. 你们发现这些物体的延长线有什么特点吗？ 相关问题组： 1. 观察这幅楼道的照片，你们能找到那些延长线吗？ 2. 画家还运用了什么绘画方法表现空间深度的变化？ 学生回答踊跃，教师给予肯定。									

续表

教学环节4 总结练习	频次	1			1	1		2			
	要点 记录	原问题： 哪一个远景能够体现出画面的深远，并能衬托出毛泽东同志的英雄气概？说说你们的构思。 相关问题组： 画家通过深度空间的画面想表达什么样的思想情感？									
统计	总频次	8	10	1	5	10		2	29		
	百分比	12%	15%	1%	7%	15%		3%	44%		

——资料来源：首都师范大学初等教育学院2012级本科生杜红禹对北京某小学的常海英老师《深远的空间》所做的课堂观察(节选)．尚未发表

案例中是一位美术师范生所做的课堂观察。课堂观察是一种单独的研究方法，也是课例研究中常使用的方法。概念上，课堂观察就是指研究者或观察者凭借自身感官(眼、耳等)以及有关辅助工具(观察表、录音录像设备等)，直接或间接(主要是直接)从课堂情境中收集资料，并依据资料进行统计分析，以改善课堂要素之间关系的一种教育科学研究方法。课堂观察对于教师而言，很有价值。它是教师获得实践知识的重要来源；是教师用以收集学生资料、分析教学方法的有效性、了解教学与学习行为的基本途径；是课堂研究最经常和最基本的方法之一。

课堂观察的分类很多，若按照资料收集方式及资料属性划分，则有两大分类，即定性观察和定量观察。定性观察是指以质化的方式收集资料，并且资料以非数字化的形式，如文字等呈现的课堂观察。对于资料，以描述体系、叙述体系、图式记录、工艺学记录等方式记录。在进行定性观察时，只有在搜集了大量客观资料后，才能提出问题。研究问题常在研究过程中不断被重构，时间较长。定量观察是以结构化的方式收集资料，并且以数字化的方式呈现资料的课堂观察。定量观察有三种记录方式，即编码体系、记号体系(或项目清单)、等级量表。定量观察要求在观察前提出问题，然后具体设计指标系统。无论是定性观察中的非结构化工具还是定量观察中的结构化工具，都是课堂观察的工具，属于智能性工具。课堂观察中还有一类工具是机械性工具，如录音、录像设备等。通常所说的选择和编制课堂观察工具，主要指的就是前者。

三、教学实录分析

所谓“教学实录分析”，就是以教学实录为研究对象，对每一教学环节予以诊断和分析，还可适时提出建议；教学实录分析也被称为课例分析，目前在基础教育教学中是较为普遍的研修方式，但关于教学实录分析的实施仍有需要厘清的地方。例如，有些教学实录分析细致描绘教学过程时，在每一个教学环节后进行教学分析，

分析的内容实际上是该教学环节的设计意图，有些教学实录分析或者直接在这一部分冠以“设计意图”的名称。这里存在一个误区，课前的教学设计与教学的实际过程不是一回事，但上述教学实录分析的做法和书面表达，将此二者等同了。

那么，究竟该怎样展开教学实录分析呢？教学实录分析需要进行相应的准备工作、记录和观察，最后是分析。有学者在借鉴日本教学实录分析的基础上，结合我国的教育实际情况，提出了教学实录分析核心环节的基本要求①，现节选如下：

教学实录准备工作可以包括以下方面：制订具体的实施方案，明确为什么而做规划实录与分析的细节，有步骤地开展工作，即使这项研究的程序科学化；准备必要的实录工具，如摄像机、录音机、录音笔等，即运用科学的手段；培训记录者，让他们知道记录和观察的要点，了解记录和观察的方法，即采用科学的论证方法；不同的课型，可能会有不同的座次和教室环境，应该事先计划好记录和观察的方式，包括把设备安排在最佳的位置。

记录和观察的基本要求是：“实录”必须真实，对过程性的记录内容不能随意做后期加工（现在，一般所发表的“案例”中，“师”“生”后面的话都是加工过的，教师的语言像播音员，学生的语言则更像是背出来的）；记录应该能够反映完整的教学过程，不应该丢掉每个细节。

质疑和反思是分析的落脚点。分析的重点是“为什么是这样做的”“为什么这样说了”等，要探究“过程”或某一细节背后存在的“原因”或“理由”。因此，分析本身不仅是提出问题，更重要的是要找出适宜的指导方法。

如果教学实录分析按照上述的要求来实施和表达，研究者能理解如何将课程理念转化为可操作的教学设计，就能真正地学习和发掘学科教学知识，从而有助于学科教学论的发展。

知识卡 教学实录分析（节选）

授课学校、授课教师、授课时间、教室环境、参评人数、主要报告人等内容略。

一、座次及学生活动状态

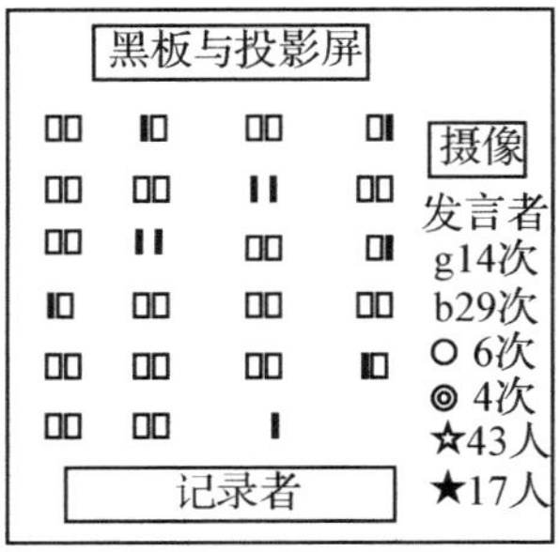

g 代表女生

b 代表男生

○ 代表个人发言重复次数

◎ 代表个人表现次数

▎代表发言或表现位置

☆代表全班总人数

★代表上课发言人数

---

① 赵亚夫．历史课堂教学实录分析的价值与操作．中学历史教学参考，2005(05)

二、总结性的教学分析

1. 教学目标(含时间分配、三维目标运用等)

2. 学习环境(含课程资源等)

3. 教学活动质量(含过程与方法等)

4. 教学反思(含学情分析、学习指导水平等)

(以上内容略)

三、教学过程实录及分析要点

师：今天(呐)，我们一起来学习第17课的内容：先进的科学技术。先让我们一起来回忆一下以前所学的知识。好！请同学们看大屏幕。(大屏幕：秦汉时期的亚欧形势)秦汉时期(呐)是我国历史上的大一统时期，我们说秦王朝的建立，它结束了春秋战国以来诸侯争霸的历史局面。随之而起的汉王朝，再加上当时中国周边各民族的活动范围，其疆域更为辽阔。我们的中国古代把它称之为大秦帝国，那么，与此时西方日益兴起的罗马帝国，就形成了东西称雄的局面。那么在当时这一时期欧亚大陆上几乎同时出现了安定的局面。统一和安定的这种政治形势(呐)为经济的发展(应该说)提供了一个必要的前提。那么，此时，秦汉时期我国的文化发展到了一个什么样的水平呢？今天就让我们一起看一看。(操作电脑)好！同学们请看这张图片(大屏幕：中国科技馆)。同学们知道这是哪里吗？

问题：为什么要如此跨越时空，学生的思路能跟上吗？学生对罗马帝国知道多少呢？如此的导入意义何在？

亮点与不足：试图在一个较宽的历史视野中嵌入中国史的学习内容。在历史教学中，这是一个非常重要的学习视角。但是，要做到位，收到成效，就必须符合两个前提：第一，学生有必要的知识储备，教师的点播可以使他们迅速“移情”，形成为透析陈述性知识而准备的因果关系；第二，虽然学生不具备足够的知识支持，但其兴趣、能力足以支撑所拓展的学习内容，并形成进一步探究问题的愿望。显然，这两点教师没有顾及，说明这一设计在教学目的和问题意识方面还欠考虑。

值得引申的问题：①在开始一个新的学习内容时，导入或称为“预备学习”非常重要。传统教学法重视这一部分，因为它有“激趣”的作用。现在我们不再局限于这一点，而是着眼于从问题入手。因此，学习一个新课题，首先是开启一扇探究问题的窗户。初中阶段的“探究问题”可以是常识性的事实性知识，也可以是略高一级的规范性知识。但无论如何，导入都不能使“教学设计”变成教师在为自己作介绍。②教师的语言要肯定、利索、自信，不要拖泥带水，更不要“飘”。③从整体设计看，本课的导入以情景或案例设计方式为宜。故以上内容似乎没有必要。

——资料来源：赵亚夫．历史课堂教学实录分析的价值与操作．中学历史教学参考，2005(05)

第三节　小学教师如何做教育叙事研究

案例指引 4　他把你当成他妈妈了!

身为一名教导主任，在日常的教育教学管理工作中，更多关注的是如何提高教学质量，抓教师、抓学生、抓教法、抓质量，从来也没有对“生命教育”深入地思考过，但有两件小事，使我对生命教育的意义有了新的认识。

2007 年 12 月 28 日，放学后，我像往常一样在校园里转上一圈，提醒留学生的教师该放学了，然后到教师办公室里坐坐。教师的工作很辛苦，况且我们又是农村小学，语文数学包教，教师工作量很大，一天下来肯定会有很大收获，也会伴随一些烦恼。听听教师的声音，有利于在一线发现问题、在一线解决问题，也便于自己的管理。

王老师铁青着脸走进了办公室，我想她一定是遇到了什么不顺心的事。我对她笑了笑，忙不迭地对她说：“你们班的哪一位宝贝又把你气着了?”

“你说烦不烦，天天说注意安全，走路时别跑，这孩子就是不听。我还没下楼呢，他就跑回来了，脸还搓破了，回来让我解决。谁也没有拦着他，自己跑栽的，赖谁？回去找他妈给他瞧去。气死我了!”

我心里一沉，追问了一句：“摔得重不重，摔着头没有？他晕不晕?”

“好像没事，就是脸上有血。”王老师回答道。

“他走了没有?”

“走了吧!”

“没什么，他就是把你当成他妈妈了，想着你和他妈妈一样，情急之下才会找你。看来这个孩子把你当成他妈了，爱妈妈也爱你!”

办公室里的人都笑了，她也笑了笑，没说什么，走出了门。我不知道她去干什么，我想她应该是找那个学生去了。

每天学生都会发生一些磕磕碰碰的小事，从来没有像这样，我从心底翻江倒海过。学生可能摔得不重，但是可能会失去对教师的信任、对教师的爱。我们总在强调教师对学生要有师爱。面对学生身体上的损伤，我们的教师却视而不见，推脱不理睬，又何谈对学生的师爱，对学生生命的爱，这真是我这个教导主任的败笔。生命可贵，教育必须从教师做起。

第二天，见到这个学生来学校，我心里踏实了一半。看见他脸上涂了红药水，我问他：“好点了没有?”

“好多了。”

“你这个小花脸，唱京剧不用化妆了，走吧！来我办公室拿两块糖，一块给你，一块给你们老师，很快就好了。”学生笑着走了。

在这周的总结会上我谈了关于生命教育的课题研究，也结合我的感受谈了教师对于学生生命的关爱。学习是生命中的一部分，但不是全部，关爱学生要从心做起，要换位思考，也要付出行动。在第一时间，不能怕担责任而推卸，这是对生命的不负责任，这也造就了学生对他人生命的漠不关心。错误都是由问题造成的，问题没有解决好，就会形成结症，时间长了也会铸成大错。

2008年2月25日，是开学的第一天，本来应该是一片欣欣向荣的景象，却被一个噩耗打破了。六年级某班的学生郑某因脑溢血医治无效离开了，一个没有开放的蓓蕾就这样消失了。我的心真的很难受。年前这个学生还来过我的办公室和我承认错误，要改掉乱扔垃圾的坏习惯，今天却没有这个人了。回想这个学生，个子不高，黑脸盘，大眼睛里总带有一种忧郁。能理解，妈妈有精神病，自己三年级时就得过脑溢血，虽然报了保险，还有些债务，只能靠打零工的爸爸承担，班主任、学校也没少帮助他。今天是想帮也帮不了了，只能感叹这个学生的生命怎么如此脆弱。生命教育又在我的脑海中浮现。逝去的已经走远，活着更要珍惜生命。校会上，我把郑某的走和学生们说了说。我不想用“死”这个字眼，觉得有些沉重，走了更好些，告诉他们郑某再也不能上课、学习了，永远离开了。学生们静静地听着，有懂的，也有不太明白的。我想，如果生命教育在校内更加完善的话，学生们就懂了，也就能更加体会到生命的可贵了。

在教师会上，我说了说，教师爱生命，要自身有能力爱，有方法爱，才能更好地生活与工作，才能把爱生命的教育传递给学生。这是开学来的一大痛事，值得我们管理层思考。学生会得脑溢血，高强度、高压力下的教师呢？生命教育更该从教师开始。

——资料来源：北京密云溪翁庄小学，孙娟

这是一位小学教师撰写的自己的教育故事。您是否了解教育叙事？是否写过教育故事？教育故事应该怎么写？教育故事有何意义？

一、何谓教育叙事

(一)教育叙事的含义

要理解何谓教育叙事，首先需要明确何谓叙事。叙事原本是文学中的一种术语。简单地说，“叙”就是叙述，“事”就是故事；“叙事”就是告诉、表达、呈现或叙述故事。它可以是说出的、写出的或在戏剧、动画、哑剧或舞台剧中演出的。叙事的最终产物是一个有组织、有情节的文本。

有关教育叙事的界定很多。例如，教育叙事是教育当事人或教育研究者“叙述”发生在“教育”中的“故事”；教育叙事是在特定的教育文化语境中运用叙述、描写等表达方式，以故事形式来呈现已发生或正在发生的典型性教育事件的行为过程或言语成品。

概言之，教育叙事就是叙述教育故事。其中，“叙述”与“故事”是两个基本方面，这两方面均有一定的要求。所叙之故事，是在教育生活实践中遇到的有意义的事件以及个人零星的教育体验的表达，是教育经验的呈现；在教育叙事中，教师既是说故事的人，也是自己或别人故事中的角色。

（二）教育叙事的特点

第一，叙述的故事是已经过去或正在发生的教育事件。教育叙事的内容一定是实际发生的教育事件，而不是教师的主观想象。它十分重视教师个人的处境和地位，尤其肯定教师的个人生活史和个人生活实践的重要意义。

第二，叙述的故事中包含有与事件密切相关的具体人物。教育叙事特别关注教师的亲身经历，不仅把教师自己置于事件的场景之中，而且注重对个人或学生的内心活动、行为状态的描述，尤其是关键情节的深入描述。

第三，叙述的故事具有一定的情节。所叙之事多为特别之人的特别之事，尤其是特别的冲突、问题或使生活变得复杂的任何事物。所以叙事不是记“流水账”，而是记述有情节的、有意义的、相对完整的故事。

（三）教育叙事的价值

20 世纪 80 年代以来，教育研究发生了范式转换，开始由探究普适性的教育规律转向寻求情景化的教育意义。教育的世界是体验的世界、意义的世界、生活的世界，因而教育学应有自己的研究逻辑，目的在于以个体或群体的具体经验为基础来理解独特个体的精神世界。加拿大几位课程学者倡导将叙事研究作为教师的研究方法运用于教育领域。他们认为，教师从事实践性研究的最好方法是说出并不断地说出一个个“真实的故事”。教育叙事成为教师从事教育实践性研究的有效方法。

教育叙事是教师表达自己对教育的理解并向他人讲述自己的这种教育理解的重要途径之一。教育叙事贴近教师经验、贴近教育生活、贴近师生实际，表达了具体、鲜活、个性的普通人的声音；能使教师看到平时视而不见的例行事项的意义，并把自己遇到了什么问题、怎样遇到的、怎样解决的等整个过程叙述出来；它不直接定义教育是什么，也不直接规定教育应该怎么做，只是讲一个或多个教育故事，便能让读者从故事中感悟教育是什么或应该怎么做。

教育叙事是教师专业成长的重要途径。教师撰写教育故事的过程，就是对自己的教育教学活动进行监控、分析、调整的过程，是更彻底的自我反思、自我培训、自我提高的过程。在撰写教育故事的过程中，教师能体现自己的教育构想和教育思想。即使先不反思、分析，仅把每天发生的有意义的事件记录下来，一点一滴地积累，作用也是很大的。例如，魏书生在《班主任工作漫谈》中，将有意义的故事记录下来，其中并没有太多的反思和分析，但是在这种不断写故事的过程中，教师的教育观念及能力、素养水平都在无形中得到了改变和提高。

教育叙事重建教师生活，改变人与人之间的存在方式。在教育叙事的分享中，不同的人站在不同的角度表达自己的观点。各种观点平等地交流分享，这是个人的声音而不是权威的声音。这种存在方式的改变带来的变化是相互理解、尊重和宽容。每个人各抒己见有助于开阔视野，形成一种和谐、合作的氛围，从而改善他们的观念、思维和行为。

二、教育故事应如何叙述

教育叙事包含着“如何叙述”及“叙述何事”两部分，关涉选择与组织事件的问题。所谓选择，是指对故事中的人物、时间、情节、空间等基本要素的选取；所谓组织，是对故事各元素的组合及事件的呈现方式的编排等。选择与组织的过程是意义赋予或显现的过程。这一过程需要教师具有一种教育敏感。

（一）叙何种教育之事

教育叙事不是教育职场中的“流水账”，不是对研究工作的介绍，而是要选择有意义的教育事件，包括得意的、沮丧的、困扰的、迷惑的、思考的、久久不能释怀的事件等。具体而言，主要有以下几方面：

对教育教学片段的叙述。教师对教育教学实践中某个印象深刻的片段进行叙述，着重描述事件发生的细节，尤其是影响教育教学效果的因素。这种方式不仅强调所叙述的内容应具有一定的情节，而且强调叙述者应是教师本人而不是外来者。

对教师教育生活故事的叙述。教师的日常生活与教师成长、教育状态、教育经历密切相关。生活叙事不仅使教师倾听到自己内心深处的真实声音，真切感受到自己主观世界的波澜起伏，而且使教师在反思中重新塑造和不断成就自己，并由此带来整个教育思想的全面升华。

传记体叙事，是对教师成长过程乃至教师教育生涯的整体叙述。教师以传记体叙事的方式学会自我反思、自我评价，进一步发展自我意识。

（二）怎样叙事

叙事的重要环节是描述事件，包括时间、地点、人物、事件（开头、发展、结局），而且是深入描写，尤其是事件发展的过程最为关键，否则难以达到效果。以表4-2 内容为例。

表 4-2　香港中文大学郑汉文所解释的例子

人	开始	发展中	结局
X	从前有一个喜欢吃的人，他总是很饿。		最后他死了。
Y	从前有一个喜欢吃的人，他总是很饿。		最后他死了。

在这个表中，“发展中”的答案是：

X：“他吃掉了所有可吃的但不能消化的食物。”

Y：“他将食物与其他饥饿的人分享，而自己得到的太少。”

可见，两个人的情况，如果不讲清楚“发展中”的事情，单从“开始”和“结局”是看不出任何不同的，也就没有了意义。所以，叙事时要对重要的发展情节进行深入描写，以揭示事实真相。

常用的教育叙事结构安排有顺叙、倒叙、插叙三种。运用顺叙的方法，能够做到条理清晰，详略得当，悬念迭出；运用倒叙的方法，能够给人惊奇、“吊人胃口”的悬念或超乎寻常的结果，一下子抓住读者的“眼球”；运用插叙的方法能使前后衔接自然，浑然一体，在所叙述事情的过程中插入有密切关联的故事，能起到烘托的作用。

教育叙事并不是很难，它贴近教师的生活经验，比较容易被一线教师掌握。小学教师撰写教育故事，应“放平心态”。故事写作要有真情实感，无须“掩饰”，要能引发读者的共鸣、触动；故事反思要跳出自己，无须“自护”，要能看到“没有看到的”；故事分析要集中议题，无须“面面俱到”，要揭示得深刻。

（三）何谓好的教育叙事

案例指引 5　老师，您为什么扣我十分呢？

那是小学四年级的一次语文测试。我一向十分自信。这一次，我满以为一定能考取前三名。

我们的语文老师是一位十分慈祥的老师。记得那天李老师抱着一大捆试卷走进教室。我的心怦怦直跳。当试卷发下来时，我迅速打开，发现我的分数只有90分。我的心一下凉了半截。我仔细地检查试卷，发现一个10分的题，我是能做出来的。可是，考试时我为什么那么粗心呢？

强烈的虚荣心驱使我拿起橡皮擦去错误的答案，写上正确的答案。之后，我颤抖着拿着试卷让李老师帮我加分数。“老师，您瞧，这个题，我做对了。您为什么扣我10分呢？”

李老师听了，接过试卷，不露声色地说，“是吗？让我来看看。”过了一会儿，李老师若有所悟地说：“哦，或许是我错了，有错就改嘛。”他帮我加上了分数，并加了一句话：“人就该诚实，对吗？”

分数加上了，可李老师那意味深长的话却着实让我不安了好几天。最后我还是鼓起勇气向李老师坦白了事情的前前后后……

什么是一个好的教育叙事？一个好的教育叙事应具备哪些特征？

丁钢认为，如果叙事不光在讲述某个人物的教育生活故事的过程中揭示了一系列复杂的教育场景与行为关系，而且“照亮”了某个人物在此教育场景中的“心灵颤动”，给读者一种精神震撼，那么这就是非常好的叙事了。

用这个标准来衡量，这个叙事可谓是一个好的叙事了。在这个故事中，我们可以看到“我”和李老师的行为所带来的启示：什么是教育？什么是儿童？教师应怎样对待儿童的“错误”？李老师对待“我”的做法出乎意料，这让读者看懂了教育是什么——教育不是惩罚、不是指责，而是点化、唤醒；教师对儿童的教育应该怎样——要了解儿童的想法，要以成人的“成熟”去面对儿童的“稚嫩”，给儿童自我成长的时间。

知识卡　“好的叙事”的五点标准

第一，关注人的基本处境，向教育存在发问。

教育叙事主要处理的是人与人的关系，是人在关系中的生存处境。这种处境反映了叙事者和被叙事者的基本生活状态。是一种生命成长的叙事，更是一种精神成长的叙事。吸纳了教育叙事的教育研究，从此成为一种向教育生活方式发问、向教育存在发问、向生命成长发问的教育研究。因此，好的教育叙事要把教育者和受教育者生命成长的感觉、味道、活法都写出来，从各方面揭示出当代中国师生的生存处境。

第二，以“具体的个人”为基点与核心。

好的教育叙事应该从经验走向存在，从故事走向精神。只有对具体个人的认同和尊重，教育叙事才能获得应有的“个人深度”，从而叙述出当代中国师生的具体生动的心灵图像。

第三，在关注“善”的同时，也关注“恶”在教育生活中的存在。

任何一个正常的教育生活中，叙事者所遇到的决不会只有幸福和欢乐。大量的来自于不同方面的“恶”，大量的教育失败，有可能在某时某处汹涌而来。既承认善恶在教育生活中的现实存在，又超越其二元对立，在叙事中进行无差别的完整的呈现，就是教育叙事复杂性的基本面貌，也是有深度的教育叙事的基本特征。

第四，拥有教育学立场。

教育叙事应该体现出基本的教育学立场，并将其作为叙事过程中贯穿始终的线索。只有这样的叙事才有可能成为有教育精神的叙事，而不是只有文学味道的叙事。也只有这样的叙事才有可能成为教育学的思想资源，进而丰富和发展教育学。

第五，新的教育生活和教育存在的建构者。

好的教育不是简单地复制教育经验的外在形态，也不是对已发生的教育事件和面对事件的心理状态的复述性回忆，而是有力地参与到对教育经验世界的建构之中。教育叙事不仅是作为叙事者的教师和作为被叙事者的学生的精神世界的发现者，而且是挖掘者和再造者。教育叙事因此成为恢复作为师生生命存在的尊严和价值的方式。

——资料来源：陈玉娟．小学数学教师教学机智的叙事探究．硕士学位论文，2015

三、教育叙事研究

(一)何谓教育叙事研究

1. 教育叙事研究的含义

对教育叙事研究有几种表达：一是指在教育背景中包含任何类型叙事素材的分析研究，它借由影片、传记、图片、对话等刺激，触发当事人进行故事叙说，并以当事人的叙说内容为文本数据进行分析，以期反映出故事叙说者本身的重要生活经历及生命主题；一是研究者以讲故事的方式表达对教育的认识和理解。也有学者指出，教育叙事研究是以教师自己的教育故事构建为手段，通过描述教师真实的教育生活，呈现特定情境中教师的言行以及这种言行中学生的状态，在此基础上进行反思和意义分析，形成个人知识，获得对教育活动意义的理解与解释的一种研究方法。

教育叙事研究的方式主要有两种：一种是教师自身同时充当叙说者和记述者，而当叙述的内容属于自己的教育实践或解决某些教育问题的过程时，教师的叙事研究就成为“教师叙事的行动研究”。这种方式主要由教师自己实施，也可以在教育研究者的指导下进行。它追求以叙事的方式反思并改进教师的日常生活。另一种是教师只是叙说者，由教育研究者记述。主要是教育研究者以教师为观察和访谈的对象，包括以教师的“想法”（内隐的和外显的）或所提供的文本（工作日志）等为“解释”的对象。

2. 教育叙事研究与教育叙事的关系

要理解教育叙事研究，还需要在与教育叙事的比较中获得。教育叙事研究是研究者在教育背景中，以叙事方式对教育素材进行微观分析、加工和重构，以发掘隐藏其中的个体意义的一种质的研究方式。教育叙事侧重于对教育事件的表达，是教育经验呈现的最佳方式，而教育叙事研究侧重于对教育生活意义的诠释，是研究者通过分析叙事文本来解释教育生活的意义及构筑个人理论之树的一种研究方式。教育叙事是教育叙事研究的一个环节、一个阶梯、一种基础，是使教育叙事研究得以开展的必要而非充分条件。

从实践运行的意义上讲，教育叙事是一种纯粹的故事，是教师或作者记叙的日志、记叙文等言语成品，叙述者只是退到后台来叙述故事，而不站出来说话。而教育叙事研究是研究者对所叙之事的研究，是研究者自己在说话。

可见，教育叙事研究不同于教育叙事。由教育叙事到教育叙事研究有一段距离，仅有叙事是不够的，还需要理解叙事的意义和对他人及社会问题的意义。但现实中，教育叙事研究与教育叙事相互混淆、等同的现象较为常见，从而导致了把教育叙事研究淡化成教育叙事，教育叙事僭越教育叙事研究。两者之间的混淆，使得教育叙事研究名不副实，而教育叙事的职能、内容又往往踯躅不前。

但两者也是不能分开的。教育叙事研究是基于教育叙事，并对教育叙事的研究，是教育学研究方法之一。正如有学者指出的，对于教育叙事研究而言，教育叙事概念具有逻辑上的在先性。教育叙事研究作为一种质的研究方法，是在教育叙事理论与实践的基础上产生的。从历史发展的视阈看，教育叙事的实践催生了教育叙事研究。教育叙事研究是对教育叙事的提升或升华。脱离了教育叙事，教育叙事研究的根基就坍塌了，缺乏教育叙事的支撑，就不存在真正的教育叙事研究。两者是相辅相成、互摄互动、共生共进的逻辑关系。

概言之，叙事是叙事研究的现场文本。叙事就是描述，这种描述是对关键事件的描述，是注重关键细节描述的深入描述，只有深入描述才能保证故事有价值和意义。故事写完后是研究，研究就是挖掘故事的隐喻，通过反思、分析、理解、解释将隐喻揭示出来形成研究文本，即论文。形成研究文本的关键就是把故事隐喻挖掘出来形成文本表达。

现场文本和研究文本的表达是不同的。前者具有文学性，但是教育叙事不是文学叙事：一是故事对象不同，教育叙事的对象不是文学而是教育；二是教育叙事要加入对故事的反思、分析、理解和解释，目的是为教育研究服务。

案例指引6　小学数学教师教学机智的叙事探究(节选)

苏教版三年级上册《三角形三边关系》一课，20年前，A老师这样上：

课前，教师让学生从家中带来了长度不等的小棒。

师：用10厘米、4厘米、6厘米三根小棒能围成三角形吗？(班级瞬间炸开了锅，有喊能的，也有喊不能的，双方相执不下。)

师：同学们，安静一下，你们能围成三角形吗？

生1：老师，我围过了，可以。

师：你真能围出来？(教师带有质疑的语气)

生1非常确信，其他学生用羡慕的眼光看向他。

师：已经围过的同学把你的想法在四人小组内与其他组员进行交流，好吗？

(生1拿着几根吸管做成的小棒，在小组内游说起来。其他小组也在激烈地讨论着。)

师：谁围成功了，到讲台前围给大家看？

生1：大家看，我是这样围的，顶点对顶点，能围成三角形。

其他学生恍然大悟，原来是这样。也有不少学生跟着附和能围。教师将求救的眼光看向学生。

师：有不同的意见吗？

生2：有，我的围不了。大家看，10 = 6 + 4，它们长度是相等的，不可能围成。

生1：我就能围成啊。

生2：你的小棒是吸管，有厚度的，感觉围成了，其实没有。

师：你听懂了吗？因为你小棒的问题，其实是围不了的，6 + 4 = 10，6 + 4的边与10厘米的边是重合的，所以不可能围成功。

生1：一脸纳闷，小声嘀咕："我就是围出来了呀。"

师：大家记住，三角形的两边之和必须大于第三边。

20年后，A老师这样上《H角形的S边关系》：

课前学生从家里带来了长短不同的小棒。

师：是不是有了三根小棒或三条线段就能围成三角形？

众生：不是。

师：任取三根小棒，为什么有时会围不成？

生：当两根短的小棒的长度之和小于第三根小棒的长度时，就围不成三角形。大家看我手上的这三根小棒，当这两根短的小棒加起来的长度没有第三根长时，就围不了三角形。

（生一边说一边用手上的小棒围给全班看）

师：有的三根小棒可以围成三角形，有的三根小棒围不成三角形。那么，怎样的三根小棒可以围成三角形呢？

生1：两根短的小棒的长度之和与第三根小棒一样长，能围成三角形。

生2：两根短的小棒的长度和要比第三根小棒长，才能围成三角形。

生3：我反对生1的话。我认为两根短的小棒的长度之和与第三根小棒一样长，不能围成三角形。

（因为有人喊反对，顿时班级的气氛被推到最高点，有人认为可以，有人认为不可以）

师：到底能不能围成呢？（只见教师不慌不忙地在黑板上打了个大大的问号）这只是大家的猜想，猜想对不对，可以怎么办？

生：可以围一围。

师：那就动手验证自己的猜想，围好的同学在小组内交流一下你的想法。

（学生开始操作，操作后，学生自发在小组内发言）

师：谁愿意和大家分享一下你的想法？

生1：请大家看，当两根短的小棒的长度之和与第三根小棒一样长时，不能围成三角形。（在展台下进行了操作）

师：有补充的吗？

生2：拼的时候，点与点重合，两根短的小棒与第三根小棒重合，所以不能围成三角形。

生3：两根短的小棒只有比第三根小棒长，哪怕长一点点，才能围成三角形。

师：说得多好呀！

20年后，A老师再上这节课，在课堂上给了学生很大的探究空间。A老师让学生自备长短不一的小棒，这样当三角形两边之和小于第三边时无法围成三角形的操作结果就显而易见，让学生感到真实。当然20年后的课堂上也出现两根短的小棒的长度之和与第三根小棒一样长，能围成三角形和不能围成三角形两种声音，此时教师并没有急着去告知学生明确的答案，而是在黑板上打了个大大的问号，鼓励学生自己想办法解决，充分体现了学习的主体是学生。20年间关于同样问题的两次课堂教学，教学设计不同，教师在应对课堂突发情况时采取的措施也不同。20年前，教师急着否定学生。而20年后，教师循循善诱，放手探究，让学生发现结论。在前后两次对比中，能看出20年后A老师更开放，做得更加不露痕迹，学生的思维更发散，教学机智更容易被引发。

（二）如何反思

反思是教育叙事研究的重要组成部分，是不可或缺的。反思可以基于感受、经验、理论。反思可以有三个维度：一是感性、经验、理性；二是技术、情感、思辨；三是特殊性、个别性。反思的目的可以概括为三点：一是审视故事的意义何在；二是现实怎样看待这个故事、感受、未来愿望；三是改进教育行为的考虑。

1. 何谓反思

教师的反思是指教师以自己的职业活动为思考对象，批判地考察自我的主体行为表现及由此而产生的结果，通过回顾、诊断、自我监控等方式，或给予肯定、支持与强化，或给予否定、思索与修订，从而不断提高自身教学效能的过程。

教师反思的策略有很多。教师可以通过教学日志、教学心得、教学行为记录、反思教案来提高反思能力，也可以通过同事的指导建议、教研成果、交流、讨论等反思自己的主体行为。

2. 反思的内容

案例的反思一般包括以下几方面的内容：点明案例的主题，揭示事件本身所蕴含的某些意义，使读者加深对案例的认识与理解；对案例所描述的事件进行总结，指出其成功或失败之处，并分析成功与失败的原因；借助事件，发表作者的某些思想观点，对有关问题提出自己的看法；提出某些问题，给读者留下思考的空间，让读者自己去体味和思考。当然，一个案例不可能同时包含这四个方面的反思内容，而是应根据需要，有重点地反映其中某些方面的内容。不同的案例往往有不同的反思内容。

3. 反思的写法

评论式反思。对案例中的事件发表评论，可以是自我评论，也可以从第三者的角度评论；可对教学中的成功之处作评论，也可对教学中的不足之处作评论。

分析式反思。分析式反思是指对案例中所揭示的问题及其形成的原因进行剖析，或对成功地解决问题的方式方法从不同角度进行分析。

说理式反思。借助于案例中的事件，引发一些道理，这些道理或者本来就是蕴含在事件之中的，或者是与事件有直接联系的。

感想式反思。这是一种比较轻松的反思形式，说理式的反思比较严谨，而感想式反思则较为自由，带有说理的味道，但又不是一本正经的说理。

总结式反思。总结式反思是指点出案例中的主要问题，或概括出案例的主题，对案例的主要内容做提纲挈领的小结。

(三)如何进行理论分析

叙事者应该了解国内外人文学科的前沿进展，从而拥有丰富深刻的理论洞察能力，从自己所研究的教育经验中解读出内在的学术和理论意义。

进行理论分析时，应从现场文本到研究文本。现场文本接近经验，描述并围绕一系列事件而形成，它们具有相对性。研究文本与现场和现场文本保持有距离，它们要回答意义和重要性问题。这一转换是叙事研究中比较困难的阶段。这一过程包括不断增加的解释性文字的组织，通过研究的主题和思路来促进现场文本向研究文本的转换。

叙事研究无论采用历史研究的方式，还是采用调查研究的方式，其基本路径是：收集资料—解释资料—形成扎根理论，其重点是分析资料并形成扎根理论。教育叙事研究也是如此。

第五章

校本研修与课题指导——促进儿童生命健康成长的环境支持

随着基础教育课程改革的深入推进，校本研修已成为我国基础教育领域中较为热门的话题之一。它常被寄予推动中小学教师专业发展、提升教师综合素养的厚望，进而能够不断提升学校管理和教育教学工作的规范性、科学性和有效性，为中小学生的日常学习和健康成长创建良好的学校环境。

作为一种新兴的教师专业发展的模式，校本研修的基本含义、特征、实施方式等，在各地还处在热烈的讨论与探索之中。本章将对校本研修的内涵和主要作用进行深入探讨，介绍它的主要内容、可行的实施方式和主要影响因素，以期为广大的小学教师和管理者开展校本研修、创造良好的学校环境提供有益指导和借鉴。最后，本章也进一步介绍了以校本研修为基础，生成和开展校本科研课题的常规流程。

第一节 教师为何要进行校本研修

一、校本研修的基本含义

“校本研修”是21世纪初期才在我国逐渐兴起的概念。作为一种新的在职教师的培训模式或继续教育模式，它不只是要简单地弥补传统的教师培训模式中的缺陷和不足，更是体现了新的基础教育改革规划对中小学和幼儿园教师的全新要求，以及学校的整体改革方向，带有鲜明的科学性和时代性。

知识卡 国家有关教育政策法规对教师校本研修的要求

(五十三)提高教师业务水平。完善培养培训体系，做好培养培训规划，优化队伍结构，提高教师专业水平和教学能力。通过研修培训、学术交流、项目资助等方式，培养教育教学骨干、“双师型”教师、学术带头人和校长，造就一批教学名师和学科领军人才。

——资料来源：《国家中长期教育改革和发展规划纲要(2010—2020年)》，2010

(八)建立教师学习培训制度。实行五年一周期不少于360学时的教师全员培训制度，推行教师培训学分制度。采取顶岗置换研修、校本研修、远程培训等多种模式，大力开展中小学、幼儿园教师特别是农村教师培训。

——资料来源：《国务院关于加强教师队伍建设的意见》，2012

适应教学方式和学习方式的变化，重点采取置换研修、集中培训、校本研修、远程培训等多种有效途径，大力开展中小学(幼儿园)特别是农村教师培训，不断增强培训的针对性和实效性。推动信息技术与教师培训深度融合，建立教师网络研修社区，促进教师自主学习。鼓励有条件的地区开展教师海外研修。

——资料来源：《教育部国家发展改革委财政部关于深化教师教育改革的意见》，2012

然而，当前我国很多地方对于校本研修的理解还过于狭隘，在理论探讨中还是将其限定在单纯改进教师教学的范畴，在实施过程中常常还是沿袭以往自上而下的、灌输式的培训方式，对校本研修内涵的“科学性”和“革新性”等特征，尚未形成足够的认识。事实上，要理解校本研修，先要理解“校本”这一概念的内涵和必要性。从基本的意义来说，我们至少应从以下四个方面来阐释校本的含义：

首先，基于学校。研修的问题要来源于教师在自己学校中具体的现实困惑。

其次，发生于学校之中。研修应在学校之中进行，其参与者应以学校里的教师和管理者为主体，学生和家长也应成为必要的参与对象。

再次，利用本校资源。研修应尽可能地通过开发和利用本校现有资源来实施，而不是寄希望于外部资源。

最后，服务学校。研修的最终目的是影响学校，推动学校的改进和发展，即从学校中来，到学校中去。

知识卡　实施校本研修的历史必要性

对于实施校本研修的原因，我们可以到历史中去探寻。过去几十年中，在传统的基础教育管理体制下，我国逐渐形成了“千校一面”的局面。在学校物质环境、师资结构、课程设置、教材选择，乃至隐性的学校治理方式、规章制度、学校文化等方面，均呈现出了高度的趋同性。应该说，在特定的历史时期，这种一刀切、同质化的学校模式有利于快速弥补学校质量上巨大的地域鸿沟，提高儿童入学率，尤其是为广大欠发达地区的基础教育发展提供了最基本保障，可谓功不可没。但如今，随着我们对基础教育的期望已经从“保障数量”过渡到了“提升质量”，“千校一面”的小学已经无法再满足家长和社会对于学生多元化发展的迫切要求，也不利于学校充分发挥自主性，提供更好的、更符合社会需求的教育服务。过于机械、僵化的学校体制限制了学校的决策权和自主管理权，使之难以根据周边社区环境、学生背景、家长诉求、师资力量的变化而进行必要调整和改进。同时，学校也难以打造起自己的独有特色，在面临日益激烈的校际竞争时缺乏足够的竞争力。

正因如此，校本性发展已经成为我国当前基础教育改革的一项核心诉求。在学校管理体制改革中提倡权力下放、校本管理的同时，校本教研、校本课程开发、特色学校等理念也得到了广泛的关注和试行。从根本上说，这些理念均体现了对少年儿童身心健康发展的重视和关爱。然而，从普遍范围上来看，这些措施的实施效果并不尽如人意。究其根源，是教育改革的真正承载者和施行者——教师，面对着种种校本化改革诉求往往束手无策，不知如何来付诸行动。而本应担负起指导责任的各种在职培训和继续教育，在这方面也存在着先天不足，形式单调，内容与实际相脱离，难以对教师产生有效帮助。

传统的教师培训，主要由教育领域里的专家学者、高校教师、教育培训机构、兄弟学校的校长、优秀教师等，围绕特定的讲授主题，以专家讲座、短期集训、经验交流、说课评课等方式来进行。然而，在试图迎合校本性发展需求时，这些方式的弊端是显而易见的：

第一，受种种条件限制，这些培训往往偏重于有关知识、理论或成功经验的集中灌输，对于教师而言是一种被动的、外部强加的学习经验，而非内心真正生成的需求，更非主动地带着问题去寻求解决答案。从认知理论上来说，这种外部强加的学习，效果是要大打折扣的。

第二，在这种培训模式中，教师自己要负责对这些外来知识和经验进行内化，并结合自己学校的具体情况来思考和摸索应用之道。这就相当于是把知识学习过程中最重要的本土化、校本化过程完全留给了教师自己来完成，而教师所需要的专家指导在这时却是缺位的。这样一来，一方面，有些知识的理论性太强或者过于抽象，教师难以充分理解和吸收，对改进其现实工作也无所助益；另一方面，知识内化和本土化的效果主要取决于教师的个人因素，如知识底蕴、领悟力、学习积极性、时间、精力等，其质量自然难以保证。

第三，从培训中学来的知识和经验能否真正为教师所用，尚存在着太多的偶然性。培训所针对的可能并不是教师在实际工作中切身关注、迫切需要解决的问题，抑或，这些知识和经验常常也具有环境局限性，无法适用于本地、本校和本班级，从而使培训的真正成效存疑，教师花费的时间和精力沦为无用之功。

第四，以往对教师培训效果的评价方式以结果导向为主，评价指标机械单一，以教师完成了多少学时、参加过几次培训、拿到过什么认证等为主要标准，对教师的成长却没有、也无法去进行评价。科学评价机制的缺失导致了我们无法衡量培训的真正收效，更导致了教育行政部门、教育培训机构、学校乃至教师自己都日益轻视培训的过程和内容，培训沦为走过场和应付了事。

事实上，不只是教师在职培训，即便是在传统的师范教育中，也常常存在着上面所说的种种问题。这些传统模式下的教育和培训本身就给校本性发展制造了太多阻碍。在这样的背景下，校本研修的提出可谓恰逢其时。校本研修可以定义为：“在教育行政部门领导下，在教师培训业务部门指导下，以校长为第一责任人，以教师为研修主体，以学校为主要基地，以班级和课堂为主要研修领域，以提高教师师德修养和教育教学能力、提高教育教学质量、促进学生全面发展为目的，促进教师专业成长的基本途径。”①同传统的教师培训和继续教育制度相比，校本研修在促进教师专业发展方面，具备以下几个典型特征：

第一，校本性。校本性无疑是校本研修最基本、最核心的特征。这就要求教师在研修过程中一切从自己的学校和班级的实际需求出发，从身边的工作中寻找研修的主题和灵感，充分利用本地、本校中既有的条件和资源开展研究和学习，最终以改进本校，甚至本班的教学和管理工作为依归。

第二，主动性。与传统的、以自上而下的灌输教导为主要形式的培训不同，在校本研修中教师居于绝对的主导地位，是研修的发起者、推动者和终结者。从问题的选择、研究的设计、过程的推进到成果的完成和汇报，都需要教师来主动实施。学校管理者、教育行政部门、外部的专家学者等只扮演着引导、支持、评价等辅助角色。也正因如此，校本研修本身很容易调动教师的积极性，甚至能在教师群体中逐渐形成一种“研修自觉”，提升整个学校的学习风气。

第三，科学性。以科学研究和教学研究作为主要形式，这是校本研修有别于传统的教师培训的显著特征之一，也是判断它是否落到了实处的一项主要标准。校本研修以实际工作中的具体问题为导向，以校本研究为核心，鼓励教师从工作中具体的疑难入手，在专家的引导下或独立，或合作地展开研究，在研究过程中进行学习和探索，在做中学、学中做，在研究推进的过程中不断反思、总结和调整，并弥补自己欠缺的知识，最终得出研究成果并应用于自己的工作改进。因此，教师所做的科研和教研是贯穿于整个校本研修过程的一条主线，这种科学性是使教师学有所得、学有所用的重要保障。

第四，个人与群体发展相结合。校本研修固然可以由教师个人独立完成，但更有效的方式还是团队协作，发挥教师专业的群体优势。因为，一方面，很多研究很难依靠个体的力量来完成；另一方面，参与者的多元化背景能使研究的主题具有更广泛的代表性和可应用性。为此，学校教师可以按照教研室、学科、年级等多种标准，自发地或有组织地结成研修小组或团体，围绕共同感兴趣的主题，明确分工，互相监督和协助，定期交流探讨，最终从研究成果中同时获得集体的收益和个人的成长。

第五，个人发展与学校改进相结合。校本研修还代表了一种系统整合的思路，将个体的教师和其所在的学校组织紧密联系在一起，实现了一荣俱荣，相得益彰。正因为校本研修强调教师从身边存在的实际问题出发，以研究促学习，以研究求改

---

① 王冬凌．制定校本研修评估标准的策略．人民教育，2010(23)：27～28

进，它最终的研修成果对于整个学校而言将大有裨益，能够帮助学校发现管理和教学中存在的痼疾，并试验出有效的解决之道。同以往基于经验和直觉的学校改进相比，建立在研究基础之上的校本研修成果具有更为显著的科学性。进而，学校也可充分利用校本研修的方式，按照自己的办学思路，开发校本课程，实验新的举措，探索自主化、特色化发展之路。

二、校本研修的作用

作为一种新兴的小学教师专业发展路径，校本研修可以有效地弥补以往教师培训中的不足，把教师培训、校本科研、校本教研等不同内容有机结合在一起，打破它们各自为战、互不相通的局面，取其所长，避其所短，发挥集合式效应。实施得当、行之有效的校本研修顺应了终身学习的潮流，能够不断提升教师自己的专业素养和能力，同时也能推动学校的内涵式发展，代表了科学治校、科学教学、科学管理的未来发展方向。应该说，校本研修具有以下重要作用：

（一）促进教师的自我专业发展

帮助教师成长是校本研修的基本出发点和根本诉求。它提倡引导教师通过亲身参与和开展校本研究来提升自我。在整个研修过程中，教师的问题意识、批判性思考能力、科研能力、归纳概括能力等都能获得长足锻炼，形成新的思维方式和视角，对习以为常的工作产生新的认识，同时通过研修教师也能突破自己在职业发展中的瓶颈，消除真实困扰自己的难题，提升教育技能和教学质量。另外，相比之下，这种由教师主动参与、主动控制的学习过程也更能减少教师的职业倦怠，对一些薄弱地区、薄弱学校所面临的教师流失状况也有一定的缓解作用。

知识卡　教师专业发展的核心因素

教师专业发展，发展的是什么？有学者提出，至关重要的因素包括：教育信念、知识、能力、专业态度和动机、自我专业发展需要和意识等。① 前面几个因素或许都可以通过传统培训来强化，但最后一个却极难通过灌输式培训来提升，可它偏偏在现代化的教师专业发展中极为重要。它强调要使教师自觉地不断促进自我专业成长，要求在教师心里树立起一种主体意识，亦即，教师并非只是专业发展的对象，更是自身专业发展的主人。他们能够、也应该摒弃外界影响，自主掌控自己的发展内容、

---

① 叶澜，等．教师角色与教师发展新探．北京：教育科学出版社，2001：231～241

发展过程和节奏，制订发展目标和计划，选择学习方式和内容。这种自我需要和主体意识，是实现终身教育的关键，也是校本研修的着眼点和着力点所在。

对于新教师而言，校本式的专业发展格外重要，能够帮助他们完成从象牙塔到真实职场的顺利过渡。哈佛大学教育学院就曾在其发布的“下一代教师计划”中指出：“在培训中，新教师想要的，是富有经验的同事认真对待他们每天的困境，观看他们上课并提供反馈，帮助他们改善教学策略，学习成熟的教学方式，并分享关于学生的学习和生活的深刻见解。新教师们需要的，正是持续不断的、校本式的专业发展。”①

（二）改善课堂教学

课堂教学工作是教师职业的核心，而以改进教学为目的的校本研修也是最普遍、最基本的形式。教师可以基于教学过程中的实际疑难开展研修，探索改进策略，优化教学实践。传统的校本教研方式主要包括理论学习、案例研究、教学反思、校本论坛、课程观摩、结对帮扶、经验交流、说课评课等。宽泛地说，这些也都可以作为校本研修的方式。在此基础之上，在校本研修中教师还可以与专家紧密合作，对改进教学的举措进行反复检验，以确保其实施效果的科学性和适用性。

（三）优化学校管理

在校本研修的过程中，教师在提升教学质量的同时，还能增强自己在学校管理和决策过程中的话语权，加强同学校管理者之间的合作，更深入地参与学校改进。

长期以来，我国中小学教师习惯性地以教学工作为主，对学校管理和决策工作的兴趣和参与度相当有限，更不用说更高层次的教育管理和决策了。这种教学和管理职责相分离的状况对于小学发展而言是相当不利的。教师本身应当成为学校管理的重要参与者。当前世界各国中流行的校本管理、校本课程开发、教师领导等理念，无不建立在此基础之上。而校本研修通过引导教师发现和解决本校的实际问题，能够增强教师主人翁意识和对学校的责任感，进而激发其参与学校管理的主动意识。

知识卡　校本研修有助于学校改进的科学化

我国中小学中的教学改进和管理改进以往都是以经验总结式为主的，向科学化

① Johnson, S. & Kardos, S. Keeping New Teachers in Mind. Educational Leadership. 2002, 59(6): 12～16

的方向迈进是未来的必由之路。中小学要把学校改进建立在科学论证和科学发现的基础之上，以客观数据和翔实的数据分析作为决策依据。例如，影响学生成绩和教学效果的因素有很多，其中既有学生和家庭层面的(性别、年龄、身体状况、家庭背景等)，也有教师和学校层面的(学校质量、学校位置、师生比等)，这些因素之间往往又互相影响，作用复杂。那么，在具体的某一所学校，甚至某一个班级里，究竟是哪些因素在起着主要作用，哪些因素起着次要作用，就成了我们迫切需要了解的问题，因为只有这样才能更有针对性地进行管理和教学。而这样的问题只能通过校本研修来解答。

在研修的过程中，教师还可以收集到大量与学生有关的信息，比如学生的背景、学生的兴趣、学生的真实需求、学生对于新技术和新方法的反应等，并能够探究这些信息之间的相互关系。这些信息不但有助于教师自己改进教学和管理，更有助于整个学校的决策，使学校未雨绸缪，提前做出改进规划，就如同国家根据经济统计和普查数据等做出规划和决策一样。

在我国广大的贫困和薄弱地区，校本研修更具有重要意义。碍于资源有限甚至短缺的现状，发达地区和学校的经验和模式很难在这些地方直接应用。因此，校本研修可以尽可能地利用当地现有资源，在充分考量成本和收益的前提下，抓住重点，突击主要矛盾，以小范围试验为突破口，从而在有限的资源下实现学校发展效果的最大化。

(四)试行教育改革举措

当今的学校早已不再是机械地传达国家教育理念、灌输官方教育内容的工具。学校只有创造和创新，才能焕发出勃勃生机，更好地满足学生和家长的需求。我们需要一些学校具有实验性，作为变革的“孵化器”，能够试行一些新的观念和方法，如教法、教程、课程等，然后把成功经验推广到其他地方。这是使基础教育走向“百花齐放”局面的基本途径。而校本研修便给我们提供了一条理想的、对教育改革进行试点的方式，可以在实践中检验这些新观念、新方法的成效。

(五)塑造更好的学校文化

学校文化体现了一所学校的价值观、教育观，是学校教育的缩影。概括来说，它包括了显性文化和隐性文化两大部分。前者体现为外在的学校章程、校训、校徽、校歌、学校仪式与活动等，后者体现为全校师生共同遵守的、默示的准则、规范、风气、习惯等。好的学校文化是学校建设中至关重要的一部分，能够增强学校的自信心，并对师生起到持续的激励和教育作用。

学校文化依托教师来塑造、维护和传承。它应当根植于学校自身的土壤，既要符合学校的整体发展规划和长期愿景，又要符合学校当下的实际条件和能力，还要能满足学生和家长的要求。而通过校本研修，教师可以帮助学校凝练内涵，充分了解各方需求，更好地确定发展和改革的方向，从而为学校的整体文化建设提供有力支持。

第二节　校本研修如何实施

本节将对校本研修的实施过程进行具体介绍，包括校本研修的主要参与对象及其职责、主要研修内容、实施流程、外部影响因素等，以期为小学教师开展校本研修提供具体指导。

一、校本研修的参与对象

作为一种新型的教师专业发展模式，校本研修对以往各方参与者的角色进行了重构，提出了新的要求，并赋予了新的职责。他们能否完成新的身份认同，是校本研修得以顺利开展的基本前提。

(一)教师

如前所述，教师是校本研修中的主体，因此应转变在传统培训中被动接受的“听众”和“学生”的角色，牢牢树立起主人翁意识，掌握研修的主动权。教师的态度、参与热情和投入情况将直接决定校本研修能否取得理想结果。

知识卡　校本研修要求教师充分解放思想

教师首先需要转变思想，树立自己在研究学校教学问题上的主导性地位。我们知道，小学教学本身是一种重复性、规训性很强的工作，容易让教师丧失新鲜感，陷入日复一日、机械循环的过程之中。因此，教师要时常以一种新鲜的视角去看待日常的教学管理工作，这样才能不断挖掘出新的问题。教师应养成鲜明的问题意识和积极的学习态度，能够自觉地从日常工作中寻找、挖掘和提炼问题，并带着问题去寻找合适的研修方式，持续进行学习、实践和反思，主动与专家沟通交流、商讨进展、解决疑惑等。

这种主动性不只是对教师个体的要求，也是对群体的要求。正因为校本研修具有个体和集体相结合的特点，教师所组成的整个研修小组或研修共同体都应具备这种主动探究的精神，并在此基础上实现分工协作和互助。这就要求教师充分发挥团队合作精神，善于分享与合作，尤其是少数积极教师要发挥骨干引领和模范带头作用，引导大家共同发展。在此基础上，还可进一步考虑校本研修的校际合作，特别是在位置临近、有着相似特征和问题的学校之间。

（二）校长

校长是校本研修的第一责任人，应成为校本研修的组织者、支持者、参与者和引领者。[①] 校长的主要职责是引导、促进、监督、统筹和评估校内教师的研修过程，而非越俎代庖，直接指定培训人选、内容或方式。

知识卡　校长应承担起校本研修的引领和保障责任

首先，校长要着力打造一种支持性的学校氛围和学校文化，积极鼓励教师开展校本研修，激发其参与兴趣。针对教师可能产生的疑惑和担忧，如不知如何着手、太过耗费时间精力、害怕犯错等，要通过情感支持、制度保障、政策奖励等方式帮助其缓解和消除，进而激励教师不断学习和提升，把学习从外部强加变为一种内生性需求，最终把学校建设成为符合当前知识型社会发展需求的学习型组织。

其次，校长要负责监管和审核教师提出的研修计划和进程安排，在研修过程中提供人、财、物等资源和必要的指导，开拓研修机会，协调人际关系，为教师创造应有的物质保障。

最后，虽然校本研修一般是以当前存在的问题为导向的，但也并非都是如此。校本研修可以、也应该成为新思想、新战略、新想法的试验田，可以用来试行和检测新的办学理念、治学方针、教学方法、管理特色等。因此，校长胸中应该有长远规划，以校本研修为契机，以全局化视野来布局，面向未来主动寻找变革的机会，将改革规划分割成一个个小的任务，由管理者和教师来共同分担，共同行动，从而推动学校的整体发展。可以说，校本研修其实为每个学校都提供了独特的变革机会，这也就对校长进行全局化的引领和统筹规划的能力提出了考验。

---

① 张建明．学校如何有效开展校本研修．上海教育科研，2007(2)：32

（三）专家

这里所谓的专家，泛指所有的能在校本研修的过程中对小学教师起到帮助和指导作用的学者、教育研究者、培训人员、经验丰富的校长、骨干教师等。一线教师在科研能力和经验上毕竟还有很多欠缺，因此在整个研修过程中，专家的指导和助力就成了必不可少的补充。专家的角色在校本研修中也有了很大的、从主动向辅助的转变，从以往的培训者和教学者转变为启发者和指导者，从机械地向教师灌输知识，转变为引导他们在亲身实践中进行知识的内化和生成。

（四）学生及家长

在传统的教师培训中并没有学生和家长的身影。然而从法理上来说，义务教育是一种由国家主导的、面向所有公民的基本公共服务，而学生及其家长正是学校的主要服务对象。没有服务对象的充分参与和需求反馈，教师的职业培训是不科学、不完整的。因此在校本研修中，学生和家长应扮演起重要角色。他们是重要的信息来源，是必不可少的反馈者和调查对象。毕竟，无论是改善教学还是管理，最终的裁判者和受益者，都是学生和家长。正因如此，他们往往也有着积极的参与热情。

知识卡　校本研修能与家校合作实现双赢

校本研修的顺利开展需要家校合作，也可以反过来促进家校合作。这是校本研修的另一重要意义所在。近些年来，国内许多中小学所面临的家校关系日益紧张，家校间的矛盾和冲突较之以前更多。究其根源，双方缺乏足够的沟通和理解是主要原因之一。[①] 家长的诉求没有合适的上诉渠道，学校和教师的工作也得不到家长的理解和配合，双方在教育理念、教育目标上存在的分歧也没有化解的机会。而校本研修需要深入到学生群体中，收集学生和家长的信息和诉求，作为改善教学和管理的依据，从而也可以为家校交流搭建起一座便捷的平台。

（五）教育行政部门

校本研修对教育行政部门提出的新要求，主要集中在三个方面。

首先，应当继续履行其引领和组织职能，对本地区内各小学的校本研修进行调

① 赵福江．中小学家校合作的现状及其对策．教育理论与实践，2008(6)：58～61

研和指导，针对其需求和症结，尽其所能地提供帮助，如邀请专家、安排讲座、加强校际交流等，并引导其探索出适合本地区的校本研修策略和模式。

其次，教育行政部门应着力改进对小学教师的评价标准，开发出一套动态的教师效能评价模型来更全面地评价教师绩效。校本研修的属性决定了它的实施效果具有显著的迟效性和长期性，因此不能急功近利地去追求快速回报，特别不应该把它在短期内的成果情况作为考评教师的主要标准。

最后，应当更加科学地制订地区内的整体发展规划，实现长期目标和短期目标相结合、地区整体发展和学校特色发展相结合、教师个人与集体发展相结合，从而给校本研修留下开展的余地和空间。

二、校本研修的主要内容

小学教师初次接触校本研修这一概念时，往往不知道应该做什么，因而无从下手。在实践中，校本研修的内容常常以课堂教学中的实际问题为主，但其应用范围远不只限于这一方面。事实上，当前我们对小学教师的期望和要求越来越多，希望他们成为学校各项活动的主体，除了完成日常教学任务之外，还应广泛地参与学校管理、决策和改进。这些领域中的问题也都可以成为教师开展校本研修的内容，各个学校应当根据自己的现状和需求来灵活选择。

根据内容导向的不同，可以将校本研修分为以下几类：

（一）以教学为导向的校本研修

提升教师的教学技能和专业水平，不断改进课堂教学质量，这是校本研修最基本，也是最重要的内容。在大多数传统的相关研究和讨论之中，甚至将校本研修直接等价于这一种。教师针对在教学过程中遇到的具体问题和困惑，围绕教师的教学能力、教材、教程、教学方法、课堂设计、教学工具等种种因素，都可以开展研修。典型的研修内容包括：如何选择更有效的教学方式？如何提升特定学科或章节的教学效果？如何更好地控制课堂节奏和进度？如何营造互动式的课堂？如何让学生更好地参与课堂讨论？如何激发学生的学习热情和积极性？如何设计和实施课程整合？如何降低学生理解的难度？如何对特定的知识点进行有效拓展？凡此种种。通过研修，教师可以不断改进教学环节和教学内容，调整教案和课程的衔接，更好地将自己的教学理念贯彻和融入教学实践中。

另外，有效教学需要建立在充分了解学生的基础之上，因此，教师也可以针对校内和班内的学生群体进行调研，以探索其家庭背景、学习能力、实际需求等，更好地把握其心理、生理特征和行为习惯，从而为改进教学提供科学依据。

（二）以管理为导向的校本研修

在当前校本管理的诉求下，小学教师除了应成为班级管理的主体，也应越来越多地参与学校管理。他们在此过程中所遇到的难题，也可以成为校本研修的内容，以提升管理实效，试行改进方法。例如，如何改革校内的教师激励制度、考勤制度、学校规章管理制度，如何改进学生激励制度、奖惩制度等。进而，也可围绕如何营造和谐的学校环境、建构学校文化、贯彻依法治校等主题，在学校组织的文化层面上进行探索。这个过程可以加深教师对学校组织和结构的理解，培养教师对学校的归属感和使命感，提高其管理能力和技术水平。

（三）以社区合作为导向的校本研修

曾经，我们将学校作为一个封闭的系统来看待，关注和研究其中的管理和教学行为，而不考虑它与外部环境之间的相互关系。但如今，我们一般认为，学校是一种开放式的社会系统，它与外部环境之间存在着种种联系和互动。[①] 尤其是家庭和社区，它们和学校之间既有合作，也有潜在的冲突。因此，学校的组织目标能否顺利实现，还取决于它如何处理和家庭、社区之间的关系。

知识卡　家校合作是当前基础教育改革中的一个紧迫议题

家校合作近年来在世界各国均获得了越来越多的重视。诸多研究已证实，开展家校合作可以充分结合与发挥家庭教育和学校教育各自的优势，在共育的基础上发挥共效，使最终的教育效果最大化。[②] 然而很久以来，我国的家校合作远未达到理想中的效果。家校之间在教育理念上仍常常存在着严重分歧，学校和教师的工作得不到家长支持，家长的诉求不受重视，家校间的关系紧张，缺乏互信的教育环境，矛盾和冲突时有发生。在这样的情况下，学校和社区之间的合作更无从谈起。因此，探究可行、有效的家校合作模式，便成了摆在学校教育者面前的一个紧迫的议题。

---

① ［美］韦恩·K. 霍伊，塞西尔·G. 米斯克尔. 教育管理学：理论·研究·实践（第7版）. 范国睿，等，译. 北京：教育科学出版社，2007：1～2

② Corter, Carl & Pelletier, Janette. Parent and Community Involvement in Schools: Policy Panacea or Pandemic? . In Bascia, et al. (Eds.) International Handbook of Educational Policy. London: Springer, 2005: 295～327

开展有效的家校合作或“家庭—学校—社区”合作，应以充分了解各方的需求和期望为前提，并通过学校和家长代表、社区代表之间不断的商谈和对话，共同探索出可行的合作模式、活动形式和角色分工，并最终加以体系化、制度化。校本研修在这个过程中能够起到至关重要的作用，可以将学生家长和社区作为研修对象，以其需求作为研修内容，探究家庭和社区期待怎样的学校教育，有哪些资源可以供学校利用，如何改善家庭教育等关键问题，在此基础上尝试共建合作模式，并通过研修来检测其实施效果和改进之道。

（四）以决策为导向的校本研修

当今的教师不仅是教学者和管理者，也应在学校决策中拥有一定的发言权和决定权。通过校本研修，教师可以为学校决策提供必要的科学依据，促进决策过程的民主化和科学化。无论是学校中的哪种决策，教师都可以通过研修来分析决策的内部和外部条件是否成熟、在备选方案之中如何选择、决策的效果是否达到预期、利益相关者对该决策有何反馈等。这种校本研修在学校内部的群体决策过程中显得尤为重要。

（五）以提高个人素养为导向的校本研修

教师常被比喻为人类灵魂的工程师。尤其是小学教师，他们对学生的影响远不止体现在知识讲授的过程中，更在于以其自身的魅力为学生树立学习的榜样，通过正向的言传身教，让学生在耳濡目染之中陶冶心灵和性格。因此，小学教师需要不断提升的，不只是教学技能和水平，更是个人的内在素质、道德修养和精神境界，是健康向上的世界观、人生观和价值观。而校本研修也可用来总结和提炼教师工作和生活中的心得感悟，在互助分享中反思人生价值，提高人生旨趣，从而把教师打造为在品德修养方面不断自我完善的个人和教育者。

三、校本研修的实施方式

在确定了校本研修的主要内容和形式之后，便可遵循“计划—实施—反思—改进—评价—再计划”的基本流程来实施开展。这几个主要环节缺一不可，共同构成了一个完整的循环结构。应该说，这种系统的流程是校本研修科学性的重要保障。

（一）计划研修主题

实施校本研修首先要明确一个研修主题。该主题除了应符合教师自己的兴趣和特长之外，最好能和其职业发展目标和长远规划结合起来，这样才能更好地将改进工作和提升自我有机融合在一起。教师可以独立思考，也可以以教研组或年级组为单位，通过头脑风暴等方式，集思广益，汇总讨论实际工作中遇到的困难、疑惑和改进机遇，最终确定需要进行研修的主题。进而，也可以在学校内部通过小组讨论等方式进行反复论证，以确保该研修主题的重要性和可行性。最后应以学期或学年为单位，制订详细的研修计划，并确定每个阶段的研修目标、责任分工和突破点。

知识卡　教师可以通过多种方式寻找研修主题

很多一线教师往往受困于找不到合适的研修题目。一般来说，可以通过以下几种方式来寻找灵感：

首先是个人的工作实践和现实需求，包括个人在工作中遇到的困惑和迫切需要解决的现实问题、个人平日的工作感受和心得等。

其次是学校或各级教育部门的课题规划。学校可以定期召集教师进行头脑风暴和小组讨论，探讨这些课题规划在本校的适用性和可行性。

最后，教师可以从阅读书籍、文献等过程中寻找研究灵感。例如，可以发现前人研究中的空白点和矛盾点，从而为自己提供研究创意；可以试图反驳或推翻前人的观点和发现；还可在前人研究的基础上进行拓展延伸或者本土化试验。因此，阅读文献应成为每一位有意从事校本研修或校本科研的小学教师的一项日常工作习惯。

需要说明的是，在寻找研究题目时应特别注重平时的积累，因此，教师应坚持记教学日记和工作笔记，除了研究创意，还可以记录平时闪现的灵感、思路、有用的信息资料等。

案例指引 1　上海市小学在校本研修中积极寻找研修课题

上海市闵行区华坪小学在探索校本研修的过程中，产生了一些寻找研究课题的优秀经验。

有一次校领导在听课中，发现一年级学生上语文课时不好好听讲，各种激励、启发方法都不见效，就建议班主任张老师改换视角，跟踪观察学生在其他学科学习中的表现，结果发现在其他课上并非如此。后来发现学生好动的原因，是因为经过不同的学前教育，学生的识字基础和能力差异很大，这不就是很好的研究课题吗？于是，张老师确定了《起始年级学生语文学习状态调查与对策研究》的课题，相关研究成果还参加了上海市“乐学杯”的教育科研评选。

另一次，有一对三年级的同桌总是互相指责。班主任先后采取了个别谈话和小队会的方式都不见效。后来班主任发现学生不是不愿团结和谦让，而是互相“看不顺眼”。这是三年级学生心理成长的一只“拦路虎”，尤其是从小以自我为中心的独生子女，在和别人交往时往往带有非常幼稚的理想化倾向。于是班主任精心组织了一次"寻找同桌之美"的班队会，让孩子们发现对方的优点，回忆美好的交往。这对"冤家"居然也情不自禁地夸起了对方，尽释前嫌。这件事让那位班主任深有感触并写下反思，主动开始了"学生成长问题"的跟踪研究，一直持续到毕业班，终于探索出一套颇有成效的"班级工作法"，获得学校正式命名并在全校推广。

——资料来源：王叶婷．校本研修：教师专业生命的回归．人民教育，2006(18)：11～13，本书做了适当修改

(二)选择研修方式

校本研修的具体方式因其主题和内容而异。教师可根据研究主题的需要，本着灵活、多样、自主的原则进行选择。

第一，校本研修中可以继承和沿用传统校本培训中的一些方式和途径。例如，以改善教学为导向的校本研修，可以采用传统形式(评课、说课、课程观摩等)，也可以以教研组、年级组等为单位，开展集体备课、课程钻研、课程评价、课程试验、新老教师传帮带等。以改善管理和决策为导向的校本研修，也可以采用专家引领、专题讲座、自主学习、校际交流等传统方式来实施。不过，尽管方式相似，但是在研修过程中应始终坚持以问题为中心和导向，围绕如何更好地解决该问题来开展，寻求答案。这是校本研修区别于校本教研、校本培训的最显著的特征所在。

第二，校本研修由于研究内容和应用范围非常广泛，其可以选用的研修方式也呈现出明显的多元化。例如，可以针对有一定普遍性和推广价值的问题进行课题研究，可以针对疑难问题邀请专家一起进行诊断研究，可以聚焦于某些教育教学中的典型案例进行案例研究，也可针对一些普遍性的问题联合其他学校进行专题研讨等。教育研究中的科学研究方法，如访谈法、观察法、问卷调查法、实验法等，教师也可以通过学习掌握，并应用在校本研修之中。当然，校本研修不一定只采用单一的方式，完全可以根据需要将多种方式综合起来，灵活运用。

知识卡　选择校本研修方式时应确保教师的自我研修和集体研修相结合

教师是具有独特性、创造性的个体，其教学或管理的过程中必然、也应当带有自己独特的风格。千篇一律的教学模式不可能造就生机勃勃的学习环境。但同时，不同学科和背景的教师在工作中经常面对共同的挑战和困难，而在这种情况下，同伴互助、团队合作就是使校本研修取得最大收效的保证。有学者指出，教师发展获

得成功的关键因素就在于团队合作、同伴监督、共同规划、建立模型等几项。① 另有研究发现，要使教师发展项目变得更加有效，需要具备这样几个条件：教师应当能开展行动研究，在建构知识方面扮演积极的角色；要能与同事合作进行批判性的反思；要以教学技能作为学习的重点内容；要使学习内容有所差别，以满足每个个体的发展需要；要考虑到具体学校的条件限制。② 因此，校本研修就是一个教师的个性和共性相结合的过程，二者应当形成互补，发挥共效，相得益彰。

（三）研修的开展与反思

在确定了研修主题和方式之后，便可以依照研修计划正式实施。在此过程中，最重要的环节就是要定期进行阶段性的总结与反思，结合工作实践，回顾校本研修的实施情况和已经取得的成果，总结不足之处和仍然存在的问题，寻找实践和理念中的差距，分析其原因所在，思考新出现的问题和困惑，并在此基础上不断对研修计划进行调整和改进。这种批判性反思可以通过自我思考、小组讨论、团队研讨等多种方式来进行，应当伴随有教师的写作、总结和经验分享交流。可以说，这是把研修真正推向深入、推向实效的最重要步骤，是改善教师的行为与理念、推动其成长发展的最关键环节。

案例指引 2　上海市小学在校本研修中促进教师的教育反思

上海市闸北区第三中心小学在实施校本研修的过程中，把“对教师教育生活的反思”作为教师个体和群体成长的共同跑道。针对教学反思偶发和零碎的特点，客观上通过调研及时供给教学反思信息，倡导相互反思，在反思中透视热点、难点，碰撞出了一些制约教学效能提高的关键性问题，如“如何做到学科与学科之间的衔接，以促进学生学科情感的迁移?”“是否每堂课都要让学生去探究？如何合理掌控探究的时间?”“在教学目标的预设中，如何既能明确目标主体，又能关注学生的个体差异?”等。通过反思和共同研究解决思路，促进教师进行自我行为调适，并收获成长的体验。

——资料来源：孙琳．立足课堂的校本研修实践．上海教育科研，2009(2)：80 ~ 82，本书做了适当修改

---

① Barry Beers. Learning-Driven Schools：A Practical Guide for Teachers and Principals. Alexandria，VA：Association for Supervision and Curriculum Development，2006：115 ~ 121

② Bert Creemers，et al. Teacher Professional Development for Improving Quality of Teaching. Dordrecht：Springer，2013：51 ~ 52

（四）专家的引领和指导

科学的校本研修离不开专家的引领和指导。有多种方式可以将教师的主导地位和专家的指导作用灵活地结合在一起，使之形成共效。比较有代表性的方式包括：

第一，基于学校和教师的特殊需求，邀请专家进行有针对性的专题培训、指导或讲座。这些培训和讲座应当以真实的需求为导向，聚焦于具体的学校情境和教师真实遇到的问题，而非如传统的在职培训一般自上而下的教导，再由教师们努力去理解其本土化的方式和意义。

第二，合作研究。专家走进小学，和教师一起，针对共同感兴趣的内容开展调查研究。双方互信互助，密切合作，共同进行研究设计、数据收集、数据分析、报告撰写等工作，并探讨将研究结果应用于学校的可行途径。行动研究是最常用的一种合作研究方法，在本章的最后一节中对此有详细的介绍。

第三，专家诊断。针对学校和教师面临的一些具体疑难，也可以通过专家诊断和问答的方式来快速获得解答和释疑。

（五）研修的总结与评价

在研修基本完成之后，要汇总、编纂并呈现研究成果，客观、全面地分析研修所取得的成绩与不足，解析原因，总结经验，思考将其全面应用于教学管理实践之道，以及今后继续改进的可能举措。

知识卡　校本研修需要科学的评价标准

学校要建立一套科学的考核评价流程和标准，以对各个研修过程及其成果进行科学评价，监督、规范和引领其有序发展。校本研修本身会占用教师很多时间和精力，又具有长效性、迟效性等特征，因此必须采用形成性、发展性的评价方式，不只要看教师当前的教学和管理能力及其专业发展水平，更要看他们提高和进步的程度。这就需要追踪测量每一位教师的发展起点和成长情况，针对其研修过程，分阶段进行追踪评价。特别要避免机械的、"计件式"的评价方式，不能单纯以研修课题的数量、参加科研和教研活动的次数、递交反思报告的字数等表面化的指标来衡量，而是要看研修对于教师的实际作用效果。这样才能维持教师不断开展研修的积极性。

对校本研修的评价标准也应当是多维度的。我国当前正处在从单一的应试教育体制向推动素质教育和孩子的多元发展的转变过程中，那么评价教师的标准，也应当突破传统的单一的学生成绩标准，用多维度、多元化指标，将自我评价、同伴评价和外部评价结合起来。除了对学生成绩的帮助之外，还应综合考核教师的研修计划的完成情况，对其他教师工作的指导意义和价值，对班级管理、学校管理、学校文化等各方面的贡献等。

最后需要说明的是，校本研修应当是一个连贯的、不断循环向上的过程。每一例成功的校本研修，都为进一步的研修和校本改进奠定了基础，指明了方向。在此过程中，学校也能逐渐打造出良好的校本研修文化，将教师的自我提升和学校的改进结合在一起，形成一个持续前进的良性循环。

四、校本研修的外部影响因素

校本研修的有效开展除了取决于各个参与对象的热情和能力之外，还受制于一系列的外部影响因素。因此，有必要对影响和制约校本研修的主要外部因素进行阐述和分析，并对相应的改革举措进行介绍。

（一）制度保障

学校需要建立起一套系统而科学的校本研修管理机制，包括清晰流畅的操作流程和管理流程、定期研修讨论机制、培训机制、协作研究机制、科研机制、成果转换机制等。良好的制度保障能够打造出连贯、持续的科研氛围，消除研修过程中的任意性和不确定性，防止三分钟热度，或者人走茶凉，也能消除教师的后顾之忧。在条件成熟的地区，也可以充分利用网络平台等现代化工具，建立起跨校的合作机制、资源共享机制、疑难解答机制等，为教师之间的经验交流和讨论提供最大便利。

对于很多农村校、薄弱校而言，学校条件有限，教师实力相对薄弱，独立开展校本研修或许会有较大困难。在这种情况下，在办学理念一致、难题相通的前提下建立一套联合研修机制，不失为一个很好的选择。另外，也可以通过挑选若干学科、若干主题进行试点来开展研修，在此基础上由点及面，稳步推进。

案例指引 3　上海市十二校构建校本研修的合作共同体

上海市长宁区十二所同质态的初级中学，以合作共同体的形式，以“学科教研室”的教学研讨为平台，以“教师沙龙”的交流和辅导为台阶，通过合作互动的校际研修，实现了优势互补、资源共享，促进了教师的专业发展和学校的共同提升，也为有效地整体推进区域教学质量提供了一种实现途径。其实施方式中很重要的一点便是，充分利用具有学科优势资源的学校潜力，分别在六所相对具有学科优势的学校设立了语文、数学、英语、物理、化学、政治六个“学科研修室”，由所在学校校长担任责任人，由所在学校相关学科的教研组长担任研修室主任，由区学科教研员担任顾问，各学科进行了多种形式的研讨活动。

——资料来源：孟永根，王月芳．构建合作共同体，促进初级中学校本研修的发展．上海教育科研，2006(3)：80～81，本书做了适当修改

（二）资源保障

教育行政机关和学校应当为教师的校本研修提供足够的资源保障，保证教师的研究时间，并将相关的研修经费纳入预算。这一点，在广大农村、薄弱地区、薄弱学校中尤为重要。受自然环境和经济发展水平的限制，这些地区和学校往往资源极为有限，甚至连基本的教学设施都不完备。对于它们来说，如何能够最大限度地整合和利用既有资源，鼓励和引导教师进行校本研修，不但是提高自身教学水平的重要途径，也对推动教育公平和区域教育的均衡发展有着重要作用。事实上，也正是在这些地区，“校本”才格外有意义。

当然，从学校的角度出发，也应量力而行，不宜贪多。同时展开太多研修项目只会占用教师太多的时间、精力和资源，影响其正常工作，也容易使研修项目出现虎头蛇尾的结果。

（三）文化保障

学校要建立起一种支持性的研修文化，鼓励教师积极开展科研，并用多种方式分享科研心得和成果。其中最重要的，是一种民主、自由、宽容的科研文化环境。一方面，要鼓励教师畅所欲言，大胆提出问题，特别是自己的困惑，要格外鼓励离经叛道的想法、异想天开的创新；另一方面，科研在很多时候是一个难以预计结果的过程，所以要容许教师试验和犯错，容许教师花费了较长时间而不出成果。只有在这种文化环境中，教师才能逐渐变自发研修为自觉，把学习和研究化作一种生活方式，并形成一种能在代际间传承的科研习惯。

案例指引4　常州市小学引导教师将校本研修作为生活方式

江苏省常州市湖塘桥中心小学在探索校本研修的过程中，提倡在生活和自由中研究，让教师的研究活动成为一种生活方式和休闲方式。为此，他们引领教师做到

以下几点：

学，即每天学习不少于半小时，爱学习、善学习，做到多学、会学、厚学。

评，即自我评价，即时、即兴、即地地评价，改革完善星级教师评价方式。

思，即培养自己的问题意识，善于思考，周周有反思，月月有创举。

写，即每天记一点，每周一篇反思日记或随笔或教育故事，每学期写好一篇论文或总结。

论，即每周、每月参加各种论坛。

研，即人人参加课题研究，而且要出成果。

艺，即人人有艺术素养，有一项专长，生活、课堂处处体现出高雅艺术品位。

练，即每学期备好一堂精品课，上好一堂个性特色课，出好一份试卷，制作好一个课件。

访，即访问一个教师、一个学生、一个家长、一个企业家、一个特殊人群(贫困生家庭等)，每学年访问一些名胜古迹。

展，即为教师提供各种平台，举行教师教育教学成果展示活动。

——资料来源：奚亚英．校本研修“个十百千万”．课程·教材·教法，2006(4)：76～78

第三节 如何在校本研修中开展科研课题

教师的校本研修要求教师从实际问题出发、设计和展开研究，并将研究成果应用于实践，这个流程本身已具备了教育科学研究的雏形。择其善者，可以进一步发展成为研究课题。本节内容解释了哪些校本研修的问题可以上升为正式的科研课题，并对科研课题的常规流程及各个环节中应当注意的基本事项做了详细介绍。

一、从研修到课题：校本研修的科学升华

鼓励中小学教师积极参与科学研究，是我国当前基础教育改革对教师提出的新要求之一。其目的不只在于要使一线教师通过科研深化对教育规律的理解，并改进自己的管理和教学，更在于培养一线教师的科研意识和精神，提升其教育观和价值观，从而作为一种重要的隐性教育资源，对学生产生积极影响。

知识卡 小学教师做科研课题的优势和劣势

同专业的教育研究者相比，小学教师做科研课题，本身具备一些无可比拟的

优势：

首先，他们牢牢立足于实践，最熟悉一线的教育教学情况，天然地就能够将理论与实际联系起来，实现科研和实践的对接。现代社会中科研工作的门槛越来越高，专业分化越来越细，技术性也越来越强。但这也导致了科研工作同工作实际的脱节越来越明显。简单来说就是：教育研究者所做的研究及其成果，一线教师无法理解。有研究发现，教师在理解研究者的主要研究内容以及相关证据时有很大困难，他们更多地会依赖于个人断章取义的理解，而非仔细阅读和思考文本中全面而客观的陈述。① 而教师最熟悉家长和学生，最明了他们的状况和需求，最熟悉教材和教法，对各种教学和管理的改进的效果也有着最直观的感受。因此，他们有着先天的应用和实践意识，可以很容易地把科研和实际工作结合在一起，形成教科研一体的工作模式；

其次，工作在一线的教师最容易发现教育教学中真正的症结所在，这有利于真正有价值的研究问题的生成；

再次，一线教师开展各种实地研究非常便利。无论采用哪种研究方法，他们平日的工作对象都可直接成为研究对象；

最后，教科研一体的工作模式使得教师可以很自然地把研究结果直接应用于自己的教学和管理改进中，从而极大地简化了研究成果向现实的转化过程。

当然，小学教师做科研课题也有明显的弱势，尤其体现在时间和精力较为欠缺、科研技术和能力比较薄弱这两个方面上。但这也就意味着，我们可以根据小学教师的特征，为其选择合适的研究主题和方法。而校本研修就可以成为他们重要的研究主题的来源。

二、从选题到结题：校本课题的常规流程

科学研究的最终目的，是探索各种现象之间的相互关系，认识问题的产生原因和发展规律，并在此基础上寻求解决答案。相应地，教育科学研究的最终目的，是不断深入地认识教育规律，并在此基础上改进教育教学实践。科学研究的核心是科学的研究程序和方法，研究课题的“科学性”首先体现在要遵循一定的科学流程上。“科学程序是科学方法的核心，它由以下几个步骤构成：①通过对理论的演绎建立研究假设；②操作化；③经验观察或实验；④利用归纳推理得出研究结论。”②

---

① John S. Zeuli，How Do Teachers Understand Research When They Read It？. Teaching & Teacher Education，1994，10(1)：39～55

② 袁方．社会研究方法教程．北京：北京大学出版社，1997：10

在教育研究中，常规的研究流程包括选择合适的研究题目、搜集和阅读文献、进行研究设计、开展调查研究、分析和总结研究结果等主要环节。

(一)选择研究题目

要从校本研修中生成研究课题，首先需要回答的便是哪些“校本问题”具有成为“校本课题”的潜质。并非所有的现实问题都是研究课题，或者都可以上升为课题。在开始做课题之前，教师应反复思考和衡量自己的研究问题的价值。好的研究题目可谓价值千金，而选题不当可以说是研究失败最常见的原因。如果对自己的研究问题不确定，可以邀请专家指导或同伴评议。在确定了研究题目之后，还应尽可能清晰、准确地将其表述出来，使之简明易懂，切勿用词含糊或带有歧义。

知识卡　值得研究的题目应具有的基本特征

1. 重要性

只有具备足够重要性的研究问题才值得成为研究课题，因此，教师在校本研修的过程中需要思考：该问题是否具有以及具有怎样的内在价值？该问题对谁重要？为什么重要？它对完善教育理论和改进实践有什么指导和推动作用？该问题只是临时、突发的，还是会对我们的工作形成长期困扰？它涉及的是个别学生、学校和地区，还是具有较大范围的适用性和推广性？

2. 实用性

在社会科学研究领域中，根据研究的性质和目标的不同，我们可以将其划分为基础研究、应用研究、评价研究、预测研究等几类。而教师所适合从事的，应当以应用研究为主，即以解释或解决身边特定的实际问题为主要目标，应尽量避免理论性、抽象性的研究。不过，教师的科研也不能完全脱离理论。缺乏理论支持和理论高度的、就事论事的研究也是不可取的，容易沦为单纯的经验总结，难以上升到科学的高度，也缺乏传播和推广的价值。

3. 可实证性

该研究问题应该是能够通过后续的研究过程、运用适当的研究工具来证实和回答的。无法通过实证研究和科学的研究方法来检验的问题不属于教育科学研究的范畴。

4. 可行性

考虑到教师在资源、时间、精力、知识储备等方面所受到的条件限制，无论是进行校本研修还是申请研究课题，教师在进行题目选择时均应遵循宜小不宜大的原则，尽量立足和结合本职工作来做，防止超出自己的能力范畴。当然，有时单个教师很难独立承担一项研究课题，教师的团队合作就成了必要之举。对于学科性较强的问题，可以考虑以教研室为单位；对于学校层面的问题，可以跨学科、跨年级组队，这样不仅能够增强科研实力，还能带来更全面的研究视角。

5. 创新性

创新性在某种程度上可以说是科学研究的灵魂，它意味着该项课题应当是没有前人做过的，因此可为相关的知识领域做出自己独特的贡献。这种创新性可以体现在新的研究问题、新的理论视角、新的研究方法或工具、新的研究场域或环境、新的调查内容、新的发现或结论等很多方面，一项课题虽然几乎不可能同时在各个方面都推陈出新，但至少应在其中一个方面上具有超越前人的亮点。

（二）搜集与阅读文献

在确定了研究题目的基础上，就应当进行相关文献的广泛搜集和阅读。这是课题研究前期比较耗时耗力却又非常重要的基础性工作。文献能够告诉我们前人围绕该题目已经做了哪些工作，得出了什么结论，从而能够避免无效劳动和重复劳动，更能为我们提供可资借鉴的研究思路和方法，帮助我们进一步修订研究课题和研究计划。

文献的分类，根据加工程度，可以分为一手文献和二手文献，其形式包括了图书、期刊、报告、学位论文、辞书、报刊等。教师可以通过书店、图书馆、资料室等购买或借阅，也可通过基于互联网的学术搜索引擎和期刊文献数据库查找和阅读，常用的有中国知网（www. cnki. net）、维普网（www. cqvip. com）、谷歌学术搜索（scholar. google. com）等。教师应当根据研究题目确定若干关键词，并以此为依据来查找文献。虽然对于一项课题需要阅读多少文献并无定规，但应尽力而为，多多益善，特别是不能错过跟该研究题目有关的、影响力较大、被引用率较高的文献。

对于搜集到的文献，在阅读之前应先依据一定的标准进行梳理归类，比较常用的标准是出版日期或者主题内容。在阅读文献时，要有计划、有顺序，分清主次，坚持浏览、粗读和细读相结合的原则，根据文献的重要性和影响力选用不同的阅读方式，并编写相应的阅读笔记和摘要。同时，在阅读的过程中要始终保持批判性，特别要注意思考：文章的问题是否有意义？作者的观点是否得到了充分表达？逻辑是否清晰准确？研究方法是否得当？研究结论是否正确合理？文章尚有哪些不足之处？如何改进？

知识卡　如何撰写文献综述

在充分阅读文献的基础上，应当撰写文献综述。正式的文献综述应包括如下几个主要部分：

第一，对研究主题的概括介绍和对关键概念的界定。

第二，所研究主题的历史发展和研究现状。

第三，为本课题提供理论依据的相关理论介绍。

第四，对文献内容的批判性综述。这是文献综述中最重要的部分，需要先按照一定的维度对文献进行归类，然后分别综述各个类别中前人的研究结果，并加以批判性的反思，概括和解释前人研究发现中的不同与相同之处，尤其要阐明文献中的缺陷、问题与不足。这种分类维度应当与课题的整体研究设计相呼应。例如，如果课题包含多个具体的研究问题，则可以以这些问题来划分维度；如果课题包含多个变量，则可依据因变量和每个主要的自变量来划分维度。

第五，小结。

在撰写文献综述时还应特别注意以下几点：首先，要避免一味罗列、堆砌文献中的观点，尤忌大量直接引用或转述原文，应用自己的语言进行梳理、概括和叙述；其次，要能捕捉和描述出文献之间的内在联系，以及不同文献所具有的特殊意义和重要性，从而向读者展示出围绕该主题的主要研究的全貌，而不是一个个孤立的文章或观点；最后，要富有批判性。俗话说不破不立，只有在充分批判了前人研究中的不足之处之后，自己的课题才能获得应有的创新点和立足点。

（三）进行研究设计

研究设计是要围绕研究主题，勾勒、规划出整个研究的操作流程。在这一阶段，需要阐述清楚研究假设、理论框架、研究方法、研究步骤、数据来源和收集方式、抽样方式、变量选择等主要部分，也要对整个研究的技术路线、进度安排等做详细的规划。其中最主要的一步，是选择适当的研究方法。

教育研究方法在过去几十年间获得了飞跃式的发展，目前门类繁多，作用各异。一般来说，教育研究方法大致包括定性方法、定量方法、非介入式研究法（包括历史研究法、比较研究法、内容分析法等）、实验法与准实验法等几大类，它们有着截然不同的理论渊源和理念，服务于不同的研究目的和环境，操作性也全然不同，而每一类下面又包括了数种至数十种具体的研究范式、模型和工具。这种研究方法上的复杂性或许会令很多小学教师望而却步，不过，对于任何一名研究者来说，要掌握所有的研究方法是既不现实、也不必要的。没有一种方法是万能的，重要的是根据研究问题的性质和研究者的实际需要来选择适当的研究方法。

（四）开展调查研究

当确定了研究问题、完成了研究设计之后，就可以依照设计规划去收集数据和开展调查研究了。在研究进行过程中还要不断进行阶段性小结，回顾前一阶段的进展情况，对数据进行初步的整理和分析，结合研究问题进行深入反思，并据此对下一步的研究计划进行必要的调整，或者补充收集数据等。

（五）分析、总结研究结果

数据和资料收集完成之后，需要运用适当的研究方法和工具进行深入分析，得出研究结果，并撰写成果报告。在分析研究结果时应当紧扣最初的研究问题，和研究问题形成呼应。在写作和汇报时应本着由总体到个体的原则，先综述研究发现，再分别介绍具体的研究结果。根据研究方法选择的不同，在分析结果时还可采用多种呈现方式来丰富自己的报告，如加入必要的数据、图表、表格、访谈记录等。

在结果分析中特别需要说明：哪些研究发现是合乎预期的，哪些则是出乎意料或和预期不符的，并解释原因。同时，还应当将本课题的发现同以往研究的主要发现进行比较，分析异同并解释原因。在总结研究成果时则应认真思考以下问题：本研究能否回答最开始提出的研究问题？为什么？从研究的结果中，能得到什么推论？本研究还有哪些不足之处？本研究的结论对改进实践有什么启示？能否应用于其他学校和地区？

三、以科研促教学：课题成果的现实转换

校本研修和校本课题都是实践导向的。它们从学校的具体教学和管理实践中来，那么也应回到实践中去。因此，在课题完成之后，教师需要进行积极的推广应用，以达到以科研促教学、以科研促教研、以科研促管理的理想效果。

教师和学校首先应基于课题的研究成果和结论，对自己的教学和管理工作进行相应的改进。同时也应将研究成果在校内外利用不同平台，如学术会议、期刊、报刊、区域联盟等，面向不同受众群体进行展示和呈现，介绍和分享心得，为其他教师和学校提供改革的思路和依据，并吸取外界和同行的批评和改进建议，为进一步的科研课题做准备，从而形成校内良性的科研循环。

后 记

本书是在《小学课堂有效教学》和《小学课堂有效学习评价》研究的基础上进行的对小学课堂有效教学研究的探讨。在核心理念上承接了前两本书的思想，紧紧围绕着“课堂教学促进儿童生命健康成长”这一主线展开有关教师专业发展与教育研究能力的论述。

小学教师的教育研究能力是小学教师专业发展的内在需要。小学课堂有效教学离不开研究。研究小学课堂有效教学离不开小学教师的研究意识与研究能力。开展小学课堂有效教学研究的方法有很多，其中，行动研究、课例研究、叙事研究等是比较重要的。本书重点阐述了这些研究方法在小学课堂有效教学研究中的运用，以及小学课堂有效教学与有效学习研究、校本研修和课题指导对教师研究能力的提升。

本书编写提纲及各章主要思想观点，由刘慧教授组织编写者集体研讨制订与确定，唐斌副教授负责组织写作过程，全书由刘慧教授、唐斌副教授统稿。书稿写作的具体分工如下：

第一章：刘慧（首都师范大学初等教育学院教授、博士），李春光（首都师范大学博士研究生）；

第二章：曾小平（首都师范大学初等教育学院副教授、博士）；

第三章：唐斌（首都师范大学初等教育学院副教授、博士），王景宣（首都师范大学硕士研究生）；

第四章：唐斌、刘慧；

第五章：傅添（首都师范大学初等教育学院教师、博士）。

非常感谢丛书总主编赵亚夫教授的邀请与信任，将本书的编写任务交给了我们；感谢北京师范大学出版社李志编辑的指导。

因时间紧迫，又想力图表达我们的探索与思考，故无论在体例框架上，还是在具体写作观点与表达上，都还不够成熟，存在一定的缺点与不足之处，恳请读者批评，期待同人指正。

在书稿写作过程中，参考了大量的文献和小学一线的教育教学案例，绝大部分已经注明出处，但难免挂一漏万，如有资料引用未能注明出处之处，在此表示深深的感谢与歉意，期待作者谅解。

刘慧
于西钓鱼台嘉园
2016 年 4 月 6 日